FACULTÉ DE DROIT DE PARIS.

DES

DONATIONS ENTRE ÉPOUX

THÈSE POUR LE DOCTORAT

SOUTENUE

PAR LÉOPOLD FOSSE

Avocat à la Cour impériale de Paris

VERSAILLES

BEAU J. IMPRIMEUR, ÉDITEUR,

RUE DE L'ORANGERIE, N° 36

1856

FACULTÉ DE DROIT DE PARIS.

THÈSE

POUR LE DOCTORAT.

DES DONATIONS ENTRE ÉPOUX

L'acte public sur les matières ci-après sera soutenu le mardi 29 juillet 1856, à 9 heures et demie,

Par Léopold FOSSE,

Avocat à la Cour impériale de Paris,

Président : M. BUGNET, professeur.

MM. PELLAT, doyen,
DURANTON,
DUVERGER, } Professeurs.

FERRY. Suppléant.

Le candidat répondra en outre aux questions qui lui seront faites sur les autres matières de l'enseignement.

VERSAILLES,

BEAU Jne, IMPRIMEUR-LIBRAIRE,

RUE DE L'ORANGERIE, 36.

1856

(C.)

A M. TROLLEY,

PROFESSEUR A LA FACULTÉ DE DROIT DE CAEN,
ANCIEN BATONNIER DE L'ORDRE DES AVOCATS,
CHEVALIER DE LA LÉGION D'HONNEUR,

Témoignage
de profond respect et de vive reconnaissance.

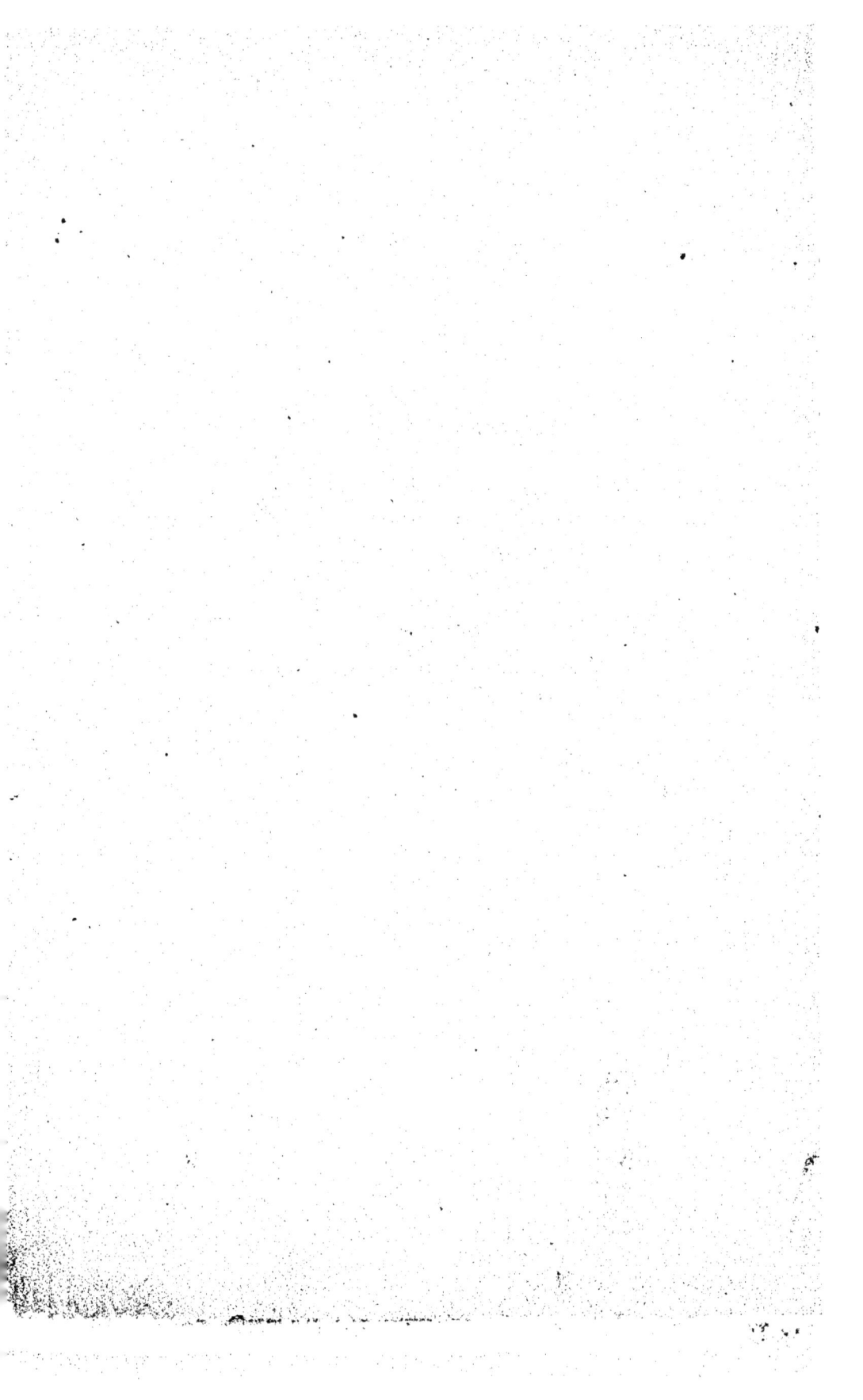

DES DONATIONS ENTRE ÉPOUX.

L'homme, obligé de pourvoir aux besoins de son existence, doué seulement pour cela de facultés merveilleuses
et placé dans un milieu d'éléments divers, acquiert sur
les produits de son travail un droit absolu et exclusif ; et
la loi, qui n'est que « l'organisation collective du droit
individuel de légitime défense, » doit se borner à défendre la Propriété de chacun, comme sa Personne et sa
Liberté.

Ce n'est pas à dire, toutefois, que l'exercice du droit de
propriété doive être affranchi de toutes règles. Le devoir
de protection même impose des mesures de sûreté et de
précaution. Pour nous renfermer dans les dispositions de
biens, la loi, chargée d'assurer à chacun l'exécution de sa
volonté, doit veiller à ce que cette volonté ne soit pas al-
térée et ne tenir compte que d'une intention certaine et
raisonnable. Ainsi s'expliquent des règles, restrictives
peut-être, mais assurément protectrices de la liberté des
personnes, et il n'y a pas depuis l'interdiction complète
de l'insensé jusqu'à la réduction des libéralités excessives
et inofficieuses du père dénaturé qui ne puissent se justi-

1

fier. « En contenant la volonté du père de famille dans de justes limites, » disait Bigot-Préameneu, dans son exposé de motifs au corps législatif, « la loi ne fait que la dégager de passions nuisibles pour lui conserver ce qu'elle a de raisonnable. »

Les donations entre gens mariés, de toutes les plus légitimes et les plus dignes de faveur sous certains rapports, sont aussi peut-être, à d'autres points de vue, celles qui offrent le plus d'inconvénients et de dangers. Elles sont, il est vrai, pour les époux, le moyen de se témoigner réciproquement leur affection et leur reconnaissance; elles permettent, s'il y a entre eux disproportion de fortune, à l'époux opulent de laisser au conjoint pauvre de quoi vivre seul, après la dissolution du mariage, comme ils auront vécu ensemble; enfin ces libéralités, à la différence des dispositions entre étrangers, ne dépouillent pas à jamais les héritiers les plus favorables : les enfants communs retrouvent les biens donnés dans la succession de leur auteur donataire. Mais les donations entre époux ont aussi un côté très-redoutable. Cette union si étroite qui existe entre le mari et la femme, cette affection si vive et si puissante, ne sont-elles pas des motifs sérieux de craindre qu'ils ne se dépouillent inconsidérément l'un pour l'autre de leur patrimoine? Le mariage créé de nouveaux liens, de nouveaux devoirs, mais il ne brise pas les anciens; et la famille, dont l'homme ne saurait être isolé, conserve ses droits, qui seraient compromis par des libéralités exagérées et aveugles. Ne peut-il pas arriver aussi que, par un effet naturel de la vie commune, l'un des époux acquière sur l'autre un ascendant, un empire, qui ne laisse à celui-ci qu'une volonté imparfaite et soumise, et qui enlève aux libéralités la spontanéité et la liberté nécessaires à tout acte de disposition à titre gratuit? Est-il, d'ailleurs, des moyens, si odieux qu'ils soient, que l'avarice et la cupidité ne puissent employer à leurs fins? Ne chercheraient-elles pas à exploiter les sentiments les plus purs et les institutions les plus sacrées? Ne feraient-elles pas du mariage l'objet ou le prétexte de calculs honteux et de spéculations scandaleuses? Certes nul ne saurait blâmer les règles par lesquelles le législateur n'a voulu que sauvegarder l'intérêt des époux eux-mêmes, réserver le droit des enfants et protéger la dignité du mariage. L'homme le plus jaloux de son indépendance ne saurait critiquer de pareilles dispositions.

La législation relative aux donations entre époux présente de nombreuses variations, correspondant aux divers états que la société a successivement parcourus depuis Rome jusqu'à nous. Ces donations, par leur double caractère de dispositions à titre gratuit et d'actes entre époux, touchent intimement à l'ordre politique et civil des sociétés : elles en ont subi toutes les vicissitudes.

A Rome, tout d'abord, le pouvoir exorbitant du mari et l'absorption de la femme corps et biens dans sa personne par la *manus* excluent toute possibilité de donation entre les époux. Vers le milieu du vie siècle, sous l'influence de la civilisation grecque, l'aspiration toujours croissante des femmes à la liberté domestique apporte un changement dans la constitution de la famille : la pratique à peu près exclusive du mariage libre (*per usum,* avec l'interruption annale) laisse désormais les patrimoines distincts et séparés ainsi que les personnes, et permettrait les libéralités entre mari et femme, si alors le relâchement des mœurs et l'avilissement du mariage ne faisaient de la prohibition de ces libéralités la seule barrière opposable à la cupidité de l'un des époux s'armant contre l'autre d'une menace de divorce. Toutefois, la prohibition, fondée uniquement sur la considération du mariage et de la personne même des époux, point sur l'intérêt des familles, ne s'étend pas aux dispositions à cause de mort, dont l'effet doit être postérieur au mariage. Ces dernières ne sont que restreintes, en punition de la stérilité des époux, à une certaine époque où la dépopulation de la cité paraît un danger public. A partir de l'an 206 de l'ère chrétienne, la nullité de la donation entre-vifs elle-même cesse d'être absolue et ne peut être proposée désormais que par l'époux donateur, jamais par ses héritiers.

Dans les Gaules, au temps de la conquête, un principe dominant et qui distingue le droit gallique du droit romain comme du droit germanique, l'affectation des biens aux familles fait obstacle aux dispositions à titre gratuit. Les *Commentaires* de César mentionnent seulement entre époux l'usage d'une donation mutuelle et égale au profit du survivant.

Avec les races germaniques apparaissent des mœurs et des institutions nouvelles. Les lois barbares nous montrent le mari apportant une dot à sa femme, suivant l'ancienne pratique qui avait fort étonné Tacite. Le *morgengabe*, cet autre don que faisait le mari à sa femme après la première nuit du mariage, *tanquam virginitatis pretium*, est tout à fait digne des temps barbares. Au reste, les lois germaniques ne défendent pas, du moins en général, les donations entre époux pendant le mariage : elles tendent à rapprocher et à identifier les personnes et les biens des époux, si profondément séparés à Rome depuis la disparition du pouvoir marital dans le triomphe du mariage libre.

La conservation des biens dans les familles est un principe fondamental du droit coutumier. Au milieu des divergences des coutumes par rapport aux donations entre époux, la règle de la prohibition absolue l'emporte, sauf en ce qui concerne le don mutuel, qui est, au contraire, généralement admis. Les différences les plus remarquables que l'on trouve dans les coutumes en cette matière se rapportent aux distinctions des biens en meubles et immeubles, propres et acquêts.

La Révolution répudie le principe aristocratique de la conservation des biens dans les familles. Pour la Convention, les restrictions mises à la faculté de disposer à titre gratuit ne furent qu'un moyen d'assurer l'action du principe nouveau de l'égalité du partage. La loi du 17 nivôse an II abolit toute distinction entre les biens, fondée sur

leur nature ou sur leur origine. Les donations entre
époux furent traitées par cette loi avec une faveur et
peut-être avec une légèreté singulières : admises sans
aucun frein, sans la garantie même de la révocabilité,
elles furent seulement réduites à la moitié en usufruit,
dans le cas où il existerait des enfants, soit communs, soit
d'un lit précédent.

Le code Napoléon a fait œuvre d'éclectisme. Préférant
la libre circulation des biens à leur éternelle conservation
dans les mêmes familles, il a laissé au père de famille
toute la liberté de disposition compatible avec le droit
des enfants et les exigences de l'ordre social. Plus de différence, à cet égard, entre les meubles et les immeubles,
les biens nobles et les biens roturiers, les propres et les
acquêts. En ce qui concerne les dispositions entre époux,
le législateur de 1804 a apporté à la loi de nivôse de sages
modifications; c'est ainsi qu'il distingue les donations
entre futurs époux par contrat de mariage de celles qui
ont lieu pendant le mariage, le cas où il y a des enfants
d'un mariage antérieur du cas où il n'existe que des enfants communs. A défaut d'enfants, d'après le code Napoléon, un époux ne peut disposer de tous ses biens en faveur de son conjoint que s'il ne laisse pas d'ascendants;
enfin, toute donation faite entre époux pendant le mariage
est révocable, au gré du donateur. — La dignité des mariages, l'intérêt des époux, celui des enfants, voilà en
quels termes le Code s'est posé le problème qu'il avait à
résoudre.

Tel est, à grands traits, le tableau de la législation sur les donations entre époux. On aperçoit, dans les transformations qu'a subies cette législation, l'influence simultanée des diverses organisations de la famille et des principes politiques suivis aux différentes époques. L'histoire approfondie des donations entre époux serait l'histoire des phases successives de la civilisation. Il serait curieux d'étudier, dans cette matière, la position des époux dans le mariage et la constitution de la famille, les principes dominants par rapport aux dispositions gratuites en général, enfin l'état des mœurs aux principales époques historiques. — Tout est dans tout. — Qu'il nous suffise, dans ce travail, qui ne doit être qu'un exposé juridique, d'avoir touché cet intérêt de notre sujet en indiquant la marche du droit.

Nous traiterons successivement du droit romain, de l'ancien droit français, enfin du droit intermédiaire et du droit actuel, des dispositions du code Napoléon.

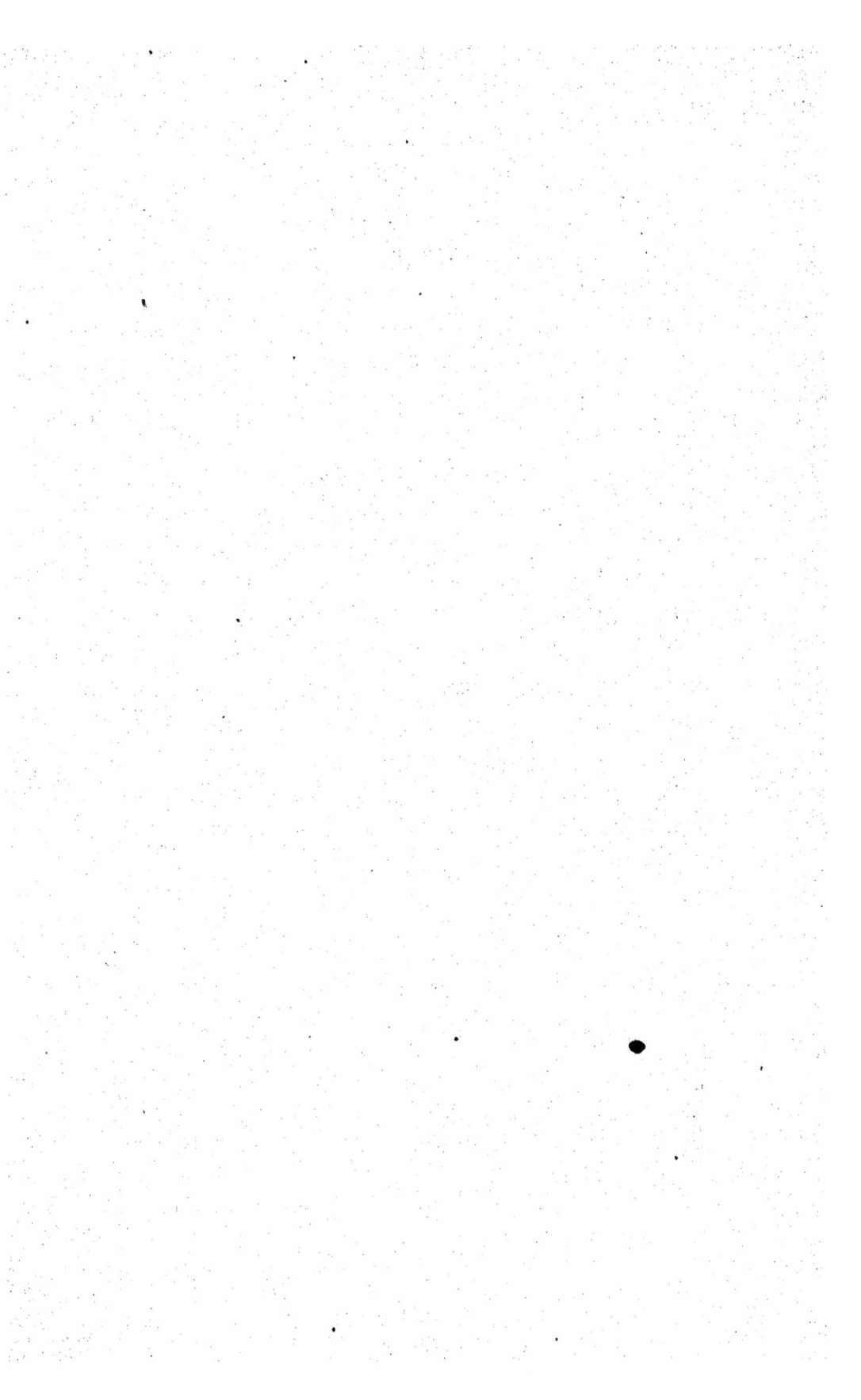

PREMIÈRE PARTIE.

DROIT ROMAIN.

Dans le principe, la constitution despotique de la famille romaine nous montre la personne de la femme anéantie et confondue dans celle du mari. « La *manus*, dit M. Ginouilhac, (*Hist. du rég. dot.*, p. 88 et 88), fut probablement à l'origine la seule forme d'association conjugale, et accompagna de plein droit tous les mariages romains. » La femme, dont la dignité n'était pas connue dans ces temps de barbarie, passait, en se mariant, au pouvoir d'un maître absolu, à qui devaient appartenir désormais sa personne et ses biens : devenue *alieni juris*, si elle ne l'était pas déjà auparavant, elle n'obtenait, dans sa nouvelle famille, en dédommagement de son indépendance et pour prix de son individualité sacrifiée, que le rang de fille de son mari et de sœur de ses enfants, avec les droits de succession attachés à l'agnation.

Le pouvoir exorbitant de la *manus* devait disparaître progressivement avec les mœurs et les institutions primitives. La loi des Douze-Tables, cette première conquête de la liberté, sépare la puissance maritale du mariage lui-même, en ne faisant de la *manus* que le résultat de la confarréation, de la coëmption ou de la possession d'un an. Le mariage libre, peu usité d'abord, s'éleva plus tard à côté de la *manus*, lorsque l'adoucissement des mœurs, l'influence d'idées nouvelles et l'exemple de la Grèce eurent développé chez les femmes l'amour de la liberté domestique. Vers le milieu du vi° siècle, le mariage *per usum*, qui ne produisait plus la *manus*, grâce à l'habitude de l'interruption annale, devint le mode le plus fréquent. Au temps de Gaïus et d'Ulpien, l'acquisition de la *manus* par l'usage n'existait plus : *hoc totum jus*, dit Gaïus, *partim legibus sublatum est, partim ipsâ desuetudine oblitteratum ;* une coëmption fictive servait à délivrer les femmes des rigueurs de l'ancienne tutelle légitime ; la confarréation n'était plus employée que dans le mariage des prêtres.

Pendant les premiers siècles de Rome, tant que la *manus* confondit nécessairement, au profit du mari seul, la fortune des deux époux, et mit la femme dans l'impossibilité de rien avoir qui n'appartint au *paterfamilias*, il ne put être question de libéralités entre eux, ni avant, ni pendant le mariage. Quelques vers de Plaute (*Casin.*, II, 2) semblent pourtant indiquer l'attribution aux femmes, au moins à titre précaire, d'un certain pécule semblable à celui qu'obtinrent par la suite les fils de famille : *Ancillulam quæ mea est, quæ meo educata sumptu est,* dit Myrrhine ; à quoi un autre répond : *Hoc viri censeo esse omne quidquid tuum est.* Les donations entre époux ne prirent naissance qu'avec le mariage libre, qui les rendit possibles en séparant la personne et les biens des conjoints. Les effets du mariage libre ne furent pas moins extrêmes à Rome que ceux de la *manus* : la femme resta dans sa propre famille, et ne fut plus chez son mari qu'une étrangère, soumise peut-être au pouvoir exorbitant d'un autre *paterfamilias*. Les époux purent faire ensemble toutes sortes d'actes et de conventions : vente, louage, prêt, *donation*, tout leur fut permis ; ils pouvaient même agir, l'un contre l'autre pendant le mariage, pour cause de délits ou de quasi-délits (l. 27, § 30 et 36, *ad. leg. aquil.* V. pourtant l. 2, C., *rer. amot.*) Telles furent les conséquences immédiates de la révolution accomplie dans l'association conjugale. Les libéralités entre époux semblent avoir joui d'une certaine faveur en l'an 850 de Rome : la loi CINCIA, qui vint limiter le taux des donations en général, et prescrire pour leur validité des formalités particulières, fait exception pour les donations entre mari et femme. Lorsque la *manus* n'apporta plus au mari le patrimoine de la femme en créant à celle-ci de nouveaux droits d'agnation, les époux durent trouver, dans la faculté de se faire mutuellement des libéralités, le moyen de pourvoir aux besoins de leur position nouvelle.

Il paraît qu'ils abusèrent de cette faculté : la coutume elle-même finit par l'interdire à une époque qui ne doit pas être très-reculée, et qu'on ne peut mieux préciser que par l'indication des motifs auxquels les jurisconsultes attribuent cette prohibition. Parmi ces motifs figurent le besoin de ramener le mariage à son but, qui est de donner à la patrie des enfants légitimes, et la nécessité de garantir l'honneur de l'époux et la dignité de l'union contre la vénalité servie par le divorce : *quia sæpè futurum esset ut discuterentur matrimonia si non donaret is qui posset, atque ea ratione eventurum, ut venalitia essent matrimonia* (l. 2, D., *de don. int. vir. et uxor.*). D'autres considérations sont de tous les temps, et se rapportent aux entraînements auxquels les époux sont exposés par l'excès de leur affection : *ne mutuato amore invicem spoliarentur, donationi-*

bus non temperantes, sed profusa ergà se facilitate (l. 1, *eod.*).
Les donations entre époux se trouvèrent frappées d'une prohibition absolue : de quelque manière qu'elles eussent été faites,
par tradition, stipulation ou autrement, elles étaient nulles de
droit. Cet état de choses dura jusqu'en l'an 206, où un sénatus-consulte proposé par Antonin Caracalla vint modifier cette
rigueur. Par ce sénatus-consulte, il fut toujours permis à l'é-
poux donateur de révoquer sa libéralité s'il le jugeait conve-
nable ; mais s'il ne le faisait pas lui-même, ses héritiers devaient respecter ses volontés.

Nous nous occuperons, dans un premier chapitre, de la
prohibition des donations entre époux, et, dans un second, de la
modification qui y fut apportée par le sénatus-consulte rendu
sur la proposition de Caracalla. Nous verrons, en terminant,
l'effet des seconds mariages sur les libéralités entre époux en
droit romain.

CHAPITRE I.

DE LA PROHIBITION DES DONATIONS ENTRE ÉPOUX.

Moribus apud nos receptum est, NE INTER VIRUM ET UXOREM
DONATIONES VALERENT. Telle est la règle formulée par Ulpien
pour les donations entre époux pendant la première des pé-
riodes que nous avons distinguées en cette matière. Il ne
faut pas croire cependant que toutes sortes de libéralités fussent interdites entre époux : chacune des expressions de cette
règle demande des explications. Quand une donation doit-elle

être considérée comme faite *entre deux époux?* — Quelles sont les *libéralités* comprises dans la prohibition? — En quoi consiste la *nullité* dont elles sont frappées? Voilà les trois questions qu'il nous faut successivement résoudre.

SECTION I.

Conditions nécessaires pour qu'il y ait donation entre époux. — Inter virum et uxorem.

Pour qu'il puisse y avoir donation INTER VIRUM ET UXOREM, trois conditions sont nécessaires, savoir : 1° qu'il existe un mariage; 2° qu'une donation ait été faite pendant ce mariage; 3° que cette donation ait eu lieu entre les époux.

§ 1. — Il faut qu'il existe un mariage.

De justes noces, un mariage valable et légitime, *quod moribus legibusque constat*, voilà la première condition requise pour la nullité des donations (l. 3, § 1, D., *de don. int. vir.*). Les justes noces donnent seules à l'homme le titre de *vir*, à la femme celui d'*uxor*.

La prohibition ne s'applique pas au cas où le lien qui unit les parties, quoique reconnu par la loi, est d'un ordre inférieur au mariage, et n'a point ce caractère respectable et sacré qu'il faut préserver de toute atteinte. *Amorem honestum solis animis œstimantes!* Cette considération, une de celles qui avaient fait défendre les donations entre époux, était inapplicable aux *concubins.* Les donations faites entre concubins ne sont pas même révoquées par le mariage qu'ils peuvent contracter plus tard ensemble (l. 31, D., *de donat.*).—Toutefois, à cause de l'in-

fluence dangereuse qui peut naître de pareilles unions, Antonin permit aux militaires de révoquer les libéralités par
eux faites à leurs concubines, *focariæ* (l. 2, C., *de don. int.
vir.*). Une constitution des empereurs Arcadius et Honorius
ne permit à tout citoyen ayant des enfants légitimes, ou seulement sa mère, de donner à sa concubine et à ses enfants naturels que la douzième partie de ses biens, *unciam*, à sa concubine seule qu'un vingt-quatrième, *semiunciam* (l. 2, C., *de
natur. lib.*); la quotité disponible n'était pas plus considérable pour celui qui avait son père, d'après la loi 1, C. Théod.,
de nat. lib. Une constitution de Valentinien et de Gratien défendit, même à défaut d'enfants légitimes, de père et de mère,
de donner plus de trois douzièmes, *tres uncias*, à la concubine
et aux enfants naturels (D., l 17, C. Théod.); mais la novelle LXXXIX permit de leur donner, à défaut d'enfants légitimes, tout ce qu'on voudrait, sauf seulement la légitime
des ascendants.

Quant aux personnes entre lesquelles existait un commerce
adultérin ou incestueux, les libéralités étaient interdites de
l'une à l'autre par des motifs de convenance et de moralité.

De ce que l'existence de justes noces était la première condition nécessaire pour qu'il pût y avoir des donations *inter
virum et uxorem*, il résulte que, là où l'union n'était pas un
mariage véritable, la donation faite entre les parties devait
être valable.—Cependant la loi 3, § 1, D., h. t. (1) décide que,
si la fille d'un sénateur épouse un affranchi, ou le gouverneur

___
(1) *N. B.* Nous indiquerons désormais d'une manière abrégée, souvent
même sans désigner le titre où ils se trouvent, les textes du Digeste ou du
Code appartenant au titre *de donatint. vir.*

d'une province une femme de cette province, les donations seront sans effet entre ces personnes, *ne melior sit conditio eorum qui deliquerunt :* il faut éviter de favoriser la violation des lois. Entre personnes incapables de se prendre réciproquement pour époux, les fiançailles sont nulles comme le mariage lui-même; et, encore bien qu'elles eussent précédé le mariage, les donations ne vaudraient même pas comme faites entre fiancés (l. 32, § 28, D., *h. t.*). Seulement une différence ressort de la comparaison de la loi 7, C., *h. t.* avec la loi 32, § 28, D., *h. t.* : si le donateur n'est pas coupable de la violation de la loi, il pourra recouvrer l'objet donné; dans le cas contraire, cet objet sera dévolu au fisc. — Mais cette nullité absolue n'avait lieu que si le mariage était frappé d'une prohibition proprement dite. On voit, par la loi 32, § 27, D., *de don. int. vir.*, que, si l'empêchement au mariage, tel que la trop grande jeunesse, n'était pas une prohibition absolue, alors la donation, nulle comme faite sur une fausse cause par suite de la nullité du mariage, produisait néanmoins son effet lorsqu'elle avait une autre cause réelle, comme les fiançailles. Labéon suppose qu'il y a eu des fiançailles, lorsqu'il déclare valable la donation faite par un mari à sa femme, *quæ nondum viripotens nupserit* (l. 65, D., *h. t.*)

§ 2. — Il faut que la donation ait été faite pendant le mariage.

Faite avant le contrat ou après sa dissolution, la donation aurait lieu entre étrangers, point entre époux.

La législation romaine ne connut pas le principe de la con-

servation des biens dans les familles. En matière de dispositions à titre gratuit, le pouvoir despotique du *paterfamilias*
l'emporta sur l'intérêt aristocratique du patriciat : l'intérê'
des familles respectives n'entra pour rien dans la prohibition
des donations entre époux. Cette prohibition ne s'était établie
qu'en vue de l'union et de la personne même des époux, par
les motifs particuliers que nous avons indiqués précédemment : aussi commençait-elle et finissait-elle avec le mariage
lui-même.

Les dons entre fiancés étaient fréquents chez les Romains
comme chez les Grecs; le plus souvent c'était le fiancé qui les
faisait à sa future. Ces dons portaient le nom de *sponsalitia
donatio* ou *antè nuptias munera.* D'abord ce furent des donations pures et simples, faites *purè atque absolutè*, dit Vinnius,
et non résolubles dans le cas où le mariage viendrait à man-
quer, *nisi ea lege nominatim factæ essent, aut id actum evi-
denter appareret* (Vinnius, Instit. II, 6, § 3; l. 10 et 11, C., *de
don. antè nupt.*). Mais cette condition, sans doute fréquem-
ment exprimée, finit par être sous-entendue de plein droit.
Deux rescrits de Constantin (l. 15 et 16, C., *de don. ant.
nupt.*) ordonnent que, si le mariage manque par la faute du
donateur, la donation soit valable et qu'elle s'exécute; que,
s'il manque par la faute du donataire, la donation soit sans
effet. S'il n'y a faute d'aucun côté, que la mort ait frappé l'un
des futurs, on distingue pour le don fait à la fiancée, si elle a
reçu ou non le baiser nuptial : si elle l'a reçu, le don subsiste
pour la moitié; sinon, il est nul pour le tout; quant au don
fait au futur, la mort le réduit à néant dans un cas comme

dans l'autre. Les donations *antè nuptias*, dépendant de la condition de la réalisation du mariage, devinrent de véritables dédits, des peines pour la partie qui violerait sa promesse, et prirent le nom d'*arrhæ spônsalitiæ*. Une fois le mariage accompli, il n'y avait plus aucune chance de retour au profit du donateur : la propriété était irrévocablement confirmée au gratifié. — Sous le même nom de *donatio antè nuptias*, et plus tard de *donatio propter nuptias*, se développa une institution beaucoup plus récente, une sorte de compensation et de garantie de la dot, dont nous n'avons pas à nous occuper.

Les donations, permises avant le mariage, ne l'étaient plus après sa formation. La question de savoir comment se formait le mariage chez les Romains, si c'était un contrat réel ou purement consensuel, présente ici un intérêt essentiel. Sur ce difficile problème, que nous ne saurions traiter sans trop nous écarter de notre sujet, nous dirons seulement qu'il paraît résolu par la loi 66, D., *de don. int. vir.*, en ce sens que le mariage existait par le seul consentement. Consulté sur une donation faite avant la *deductio in domum* et la signature des instruments dotaux, Scœvola répond qu'il n'y a pas lieu de considérer ces deux faits, qui la plupart du temps ne s'accomplissent qu'après le mariage, mais uniquement la formation du contrat, *quod consensu intelligitur*, ajoute le jurisconsulte. Dans une seconde espèce, la jeune fille a été conduite, trois jours à l'avance, chez le futur où devaient avoir lieu les noces, et elle y occupait un appartement séparé; le jour des noces, avant d'entrer dans la maison du mari, et avant la cérémonie de l'eau et du feu, elle a reçu de lui une donation : Scævola déclare cette donation valable. C'est évidemment que, dans l'espèce, aux yeux du jurisconsulte, le consentement de la femme, différé tant qu'elle demeure dans une habitation séparée, ne se manifeste que par son entrée chez le mari, *quum ad eum transiret*. C'est de cette manière que semble s'expliquer un rescrit d'Aurélien (l. 6, C., *de don. ant. nupt.*) relatif à la donation faite le jour même du mariage, et qui indique le moyen de décider si elle est entre fiancés ou entre époux : faite à la femme dans sa propre maison, dit l'empereur, c'est une donation anté-nuptiale ; faite chez le mari, c'est une donation entre époux.

Dans le cas où l'objet donné a été livré à un tiers interposé qui ne l'a remis au donataire qu'après le mariage contracté, Ulpien distingue par qui l'interposition a été faite. Si c'est par le donateur, la donation est nulle pour ne s'être accomplie que depuis le mariage ; si c'est par le donataire, la donation, parfaite dès avant le mariage, est valable (l. 5, *pr.*).

Rien ne faisait obstacle aux donations entre époux divorcés. Il pouvait seulement y avoir difficulté sur le point de savoir si le divorce était sérieux et régulier (l. 35, l. 64, *in fine*).

Certaines dispositions se réfèrent à deux dates ; l'une est celle de leur formation, l'autre celle de leur exécution. Le droit romain s'attache à cette dernière époque pour décider si une donation est faite ou non pendant le mariage. L'acte antérieur au mariage, mais qui ne doit avoir d'effet que pendant sa durée, rentre dans la prohibition (l. 4, C., *de don. anté nupt.* ; l. 32, § 22, *in f.*) ; et la disposition faite pendant le mariage, pour ne se réaliser qu'après, n'est pas interdite aux époux. Voilà pourquoi ils peuvent se faire des donations *mortis causâ* ou *divortii causâ*.

La donation *mortis causâ* est admise entre époux, *quia*, dit Gaïus, *in hoc tempus excurrit donationis eventus, quo vir et uxor esse desinunt.* Soumises à la condition du prédécès du donateur, les donations *mortis causâ* ne le dépouillent pas en personne de biens qu'il pourrait conserver pour ses propres besoins; elles ne produiront d'effet que par sa mort et à l'égard de ses héritiers. Quant au consentement et à la libre volonté du disposant, ils sont garantis par la faculté de révocation qui lui appartient jusqu'à sa mort.

Mais la *m. c. donatio* est de deux sortes : tantôt son effet est reporté après le décès du donateur, c'est lorsqu'elle est subordonnée d'une manière suspensive à la condition de ce décès et véritablement faite *sub conditione*, d'après la terminologie romaine; tantôt, au contraire, elle est immédiate, pure et simple, elle produit ses effets à l'instant, les objets livrés au donataire deviennent sa propriété du vivant même du donateur, la résolution seule est conditionnelle, subordonnée au cas où le donateur survivrait au péril (*pura, quæ sub conditione resolvitur*). — Entre époux, toute *m. c. donatio* est valable (l. 11, § 1); mais la prohibition générale s'oppose à toute transmission de propriété de l'un à l'autre pendant le mariage. *Interim res non statim fiunt ejus, cui donatæ sunt, sed tunc demùm cum mors insecuta est : medio igitur tempore dominium remanet apud eum qui donavit* (l. 11, pr.). C'est à cette règle que se rapportent les décisions des lois 70, *ff., de hered. instit.,* et 11, § 9, *h. t.* Il résulte de là que, si la condition résolutoire

vient à s'accomplir par la survie du donateur, ce dernier re-
vendiquera la chose comme sienne, et n'aura point seulement une action personnelle contre le donataire pour le
contraindre à lui retransférer la propriété. *Nam quo casu
inter exteros condictio nascitur, inter maritos nihil agitur*
(l. 32, § 1).

Au surplus, si l'on n'admet pas que la *m. c. donatio* entre
époux produise effet pendant le mariage, on lui reconnaît,
après le décès du donateur, un effet rétroactif qui remonte au
moment de la tradition, à moins que le disposant n'ait formellement exprimé la volonté contraire. La loi 40, D., *de m.
c. donat.*, pose ce principe : *Si mortis causâ inter virum et
uxorem donatio facta sit, morte secuta reducitur ad id tempus
donatio, quo interposita fuisset;* et la loi 20, *h. t.*, en fait une
application remarquable : Si l'esclave donné à cause de mort
fait une stipulation, le bénéfice de cette stipulation est en suspens jusqu'à ce que la condition de la donation soit accomplie ou défaillie : par conséquent, si le donataire survit, il recueillera ce bénéfice. Ulpien dit de même que la transmission
faite avant le décès par la femme donataire sera en suspens
(l. 11, § 9).

Dans le cas où le donateur a manifesté l'intention de différer
la translation de la propriété jusqu'au décès, *hoc animo ut tunc
res fiat uxoris vel mariti quum mors insequetur* (l. 11, § 1),
cette non-rétroactivité de la donation produit des anomalies
remarquables (*vitia*) qui montrent tout l'intérêt que ce point
présente pour les époux : ainsi une femme, à laquelle son
mari voulait faire une donation à cause de mort, a interposé

un *filius familias* pour recevoir la chose des mains du mari
et la lui remettre à elle-même; à la mort du mari, il se trouve
sui juris : la donation est valable et profite à l'épouse, ce qui
n'aurait pas lieu avec la rétroactivité, puisqu'alors l'objet eût
été acquis au père sous la puissance duquel se trouvait le fils
de famille à l'époque de la tradition (l. 11, § 2); — si l'épouse
est en puissance paternelle quand son mari lui fait la tradition,
elle aura tout le bénéfice de la donation, pourvu que du vivant
de son mari elle devienne *sui juris* (l. 11, § 3); — de même
pour le mari fils de famille au moment où sa femme lui fait la
tradition (§ 4); — si l'époux donataire interpose un esclave pour
recevoir la tradition et que cet esclave se trouve libre au décès
du donateur, l'acquisition qui, avec la rétroactivité, eût été
pour le maître, sera au contraire pour l'époux (l. 11, § 6). —
A l'inverse, la non-rétroactivité empêchera l'époux de profiter
de la donation, quand l'homme libre qui aura été interposé
sera devenu esclave au moment du décès, ou quand l'époux
donataire, *sui juris* à l'époque de la donation, se trouvera
filius familias à l'heure du décès; car alors tout le bénéfice
sera pour le maître ou pour le père de famille (l. 11, § 5).

La donation à cause de mort entre époux tombe, s'ils vien-
nent à divorcer; elle ne reste pas simplement soumise à la
condition de la mort : *Julianus scripsit infirmari donationem,
nec impendere* (l. 11, § 10). On ne distingue pas si le divorce
a eu lieu *bonâ gratiâ* ou *cum irâ animi et offensâ.* La donation
à cause de mort paraît envisagée comme une sorte de *datum
ob causam ;* adressée comme gain de survie à l'époux demeuré
veuf par le prédécès de son conjoint, elle exige chez le dona-

taire la qualité d'époux au jour de ce prédécès. — Mais la déportation, encourue par le mari qui a fait à sa femme une *m. c. donatio*, n'anéantit point cette donation, quoiqu'en principe la déportation, entraînant la confiscation des biens, annule les donations à cause de mort (l. 7, *de mort. caus. don.*). Cela tient à ce que les époux peuvent se faire même des donations en cas de déportation comme en cas de divorce : d'ailleurs, la déportation ne brise pas le lien du mariage; enfin la femme est parfaitement innocente de la faute de son mari. Toutefois le mari conserve son droit de révocation, et la donation ne sera pleinement confirmée que par sa mort (l. 13, § 1).

A côté de la donation *mortis causâ* entre époux se place la donation *divortii causâ*, dont l'effet se reporte également à un moment où le mariage n'existera plus. Faite pour obtenir le consentement du conjoint à un divorce utile, et pour compenser en quelque manière ce que la séparation pouvait avoir de pénible, cette donation ne pouvait être suspecte de captation. Les divorces déterminés par la libéralité de l'un des époux étaient aussi beaucoup moins à craindre que ceux qui auraient eu pour cause le refus de donner. La donation *divortii causâ* était donc admise entre époux, pourvu seulement qu'elle eût lieu en vue d'une séparation imminente, *non quæ ex cogitatione quandoque futuri divortii fieret* (l. 11, § 11 ; l. 12). — Quant aux motifs qui pouvaient amener le divorce par consentement mutuel, *bonâ gratiâ*, les lois 60, § 1, et 61, les indiquent assez : la stérilité, la vieillesse, la maladie, le sacerdoce, l'état militaire.

§ 8. — Il faut que la donation ait été faite par l'un des époux à l'autre.

Il faut que la donation ait eu lieu entre le mari et la femme, ou bien entre les membres de leurs familles respectives. Il est indispensable de se rappeler ici la constitution de la *familia*, et la nature du lien qui unissait les divers membres de la famille. A Rome, le lien de famille n'est pas le lien du sang, c'est un lien de puissance : la puissance, voilà le fondement de la famille romaine. Le chef, *pater*, indépendant, *sui juris*, a sur tous un plein pouvoir : corps et biens, tout lui appartient, lui seul représente et personnifie la famille ; les personnes *alieni juris* n'ont point d'individualité propre ; dans les actes de la vie civile, elles ne sont que les instruments du *pater familias* : au moins, par suite de cette identification avec la personne du chef, sont-elles parties dans la co-propriété de famille. — D'après cela, dire que toute donation est interdite entre époux, c'est comprendre dans cette prohibition tous ceux dont la personne se confond avec celle des conjoints, tous les membres de leurs familles. Défendre à un époux de recevoir à titre de libéralité rien qui appartienne à l'autre époux, c'est embrasser dans la défense tous les biens de la *familia* (l. 4 et 5, C., h. t.; l. 3, § 8, 2, 5, D.).

Cette extension de la loi prohibitive des donations entre époux à tous les membres de la *familia*, tenant au principe que chacun des conjoints, comme co-propriétaire du patrimoine de la famille, participe aux acquisitions et aux aliénations qu'elle fait, s'arrête là où ce principe cesse d'être vrai. —

Ainsi, l'objet donné par la mère à son fils partant pour l'armée, et qui fait partie du *peculium castrense*, et, depuis Constantin, tout ce qu'une mère donne à son fils et qu'il conserve en propre comme *peculium adventitium*, du moins quant à la nue propriété, tout cela est valablement donné, puisque le mari n'a aucune part à la libéralité (l. 3, § 4, D., et l. 19, C., *h. t.*), — De même, la donation faite par le fils ou le beau-fils soumis à la puissance du mari, sera valable si elle porte sur des biens dépendant de son pécule castrans (l. 3, § 4).

Ce que nous avons dit des effets de la puissance paternelle, par rapport aux donations entre époux, s'applique, bien entendu, à la puissance dominicale : l'esclave, qui ne pouvait rien posséder personnellement, ne pouvait rien donner au conjoint de son maître, ni réciproquement rien recevoir de lui à titre de libéralité.

La donation, pour être faite par personnes interposées, n'en aurait pas moins été réellement une donation entre époux : *non tantum autem per se*, dit à cet égard le paragraphe 9 de la loi 3, *maritus et uxor, ceterœque personœ donare non possunt*. Les conjoints ne pouvaient faire indirectement ce qu'ils ne pouvaient faire directement (l. 5, § 2). Il n'existait, du reste, aucune présomption légale d'interposition de personnes ; le fidéicommis devait être prouvé d'une manière spéciale (l. 25, *pr.*, D., *de his quœ ut indignis aufer.* (l. 3, § 3, D., *de jure fisci*).

Il y avait véritablement donation par personnes interposées, lorsque le mari chargeait son débiteur de payer entre les mains de la femme (l. 3, § 12), ou bien un donateur de remettre à sa femme l'objet que celui-ci lui destinait à lui-même (l. 3, § 13) : le mari était censé recevoir la chose et la transmettre ensuite à sa femme par le secours d'un tiers. Nous verrons par la suite d'autres exemples d'interposition de personnes (l. 5, § 4 ; l. 39).

SECTION II.

Quelles sont les libéralités comprises dans la prohibition? — Donatio.

M. Savigny a résumé les éléments essentiels et constitutifs de la *donatio* dans la définition suivante : « un acte entre-vifs » par lequel une personne confère volontairement à ses dé- » pens un avantage à une autre personne qui le sait ou qui » l'ignore. » Ces caractères spéciaux de la donation, détermi-nés par les jurisconsultes romains principalement en vue de la prohibition qui nous occupe, nous serviront à distin-guer ce qui était défendu de ce qui était permis entre époux.

§ 1. — Premier caractère de la donation.
Acte entre-vifs.

La donation suppose, tout d'abord, un acte entre-vifs. Cela comprend deux idées.

I. Il faut, en premier lieu, qu'il y ait *un acte juridique*. Cet acte ne doit pas être nécessairement un contrat ; si la do-nation apparaît comme contrat lorsqu'elle s'opère par une promesse, par une acceptilation, elle peut aussi exister sans le consentement du donataire, et, pour être fait à l'insu du débiteur, le payement de la dette du mari par sa femme n'en est pas moins compris dans la prohibition (l. 50, *pr.*; l. 7, § 7, D.; l. 5, § 4, C., l. 4). Mais l'acte constitutif de la donation ne peut consister qu'en un fait positif : une simple omission ne suffirait pas, à moins qu'elle ne fût de nature à produire seule et immanquablement un avantage, ou qu'elle ne cachât un acte réel.

Le non-usage d'une servitude, d'où résulte nécessairement son extinction, ferait naître entre époux une *condictio* au profit de celui qui aurait volontairement négligé d'exercer son droit, à l'effet d'obtenir la constitution d'une nouvelle servitude (l. 5, § 6).

La négligence du mari à interrompre l'usucapion commencée par la femme sur un fonds à lui propre présente les plus sérieuses difficultés. Il ne saurait évidemment y avoir donation, quand l'usucapion s'est accompli à l'insu du mari et de la femme. Mais si, avant cet accomplissement, le mari, ou la femme, ou tous deux ensemble ont connu la situation, le défaut de revendication de la part du mari constitue-t-il une donation prohibée entre époux et par conséquent nulle? — Dans le premier cas, suivant M. Savigny, lorsque le mari seul a su que la chose possédée par sa femme était à lui, son inaction ne peut être considérée comme une donation : elle n'a pas ici, dit-il, pour effet propre et certain de procurer un bénéfice, d'opérer l'usucapion; d'un côté, la femme pouvait être dépossédée par d'autres ou rencontrer divers obstacles à l'usucapion, et, d'un autre côté, à la différence de l'extinction d'une servitude par le non-usage, l'acquisition de la propriété se produit par deux causes, la possession de la femme d'abord et puis le défaut de revendication de la part du mari. Nous ne pouvons comprendre que le mari qui, ayant des titres de propriété, a volontairement négligé d'agir, n'ait pas par cela même conféré à sa femme un avantage prohibé et qu'il ne puisse réclamer au moyen d'une *condictio* la chose usucapée. — Dans le second cas, l'usucapion s'accomplit à l'insu du mari, qui par conséquent n'est pas un donateur. — L'hypothèse où la femme et le mari ont connu la propriété de ce dernier est diversement résolue par les romanistes suivant la ponctuation adoptée par chacun pour la loi 44, D., *h. t.* Le système présenté par M. Savigny paraît assez plausible : quand le mari, pouvant agir en revendication, refuse de le faire et laisse sciemment sa femme en possession, et que la femme, connaissant également cet état de choses, garde le bien de son mari, l'usucapion devient impossible, et la possession fait place à une donation faite à la femme par le mari. *Si vir rescierit rem suam esse priusquàm usucapiatur, vindicareque eam poterit nec volet, et hoc et mulier noverit,* interrumpetur possessio, quia transiit in causam ab eo factæ donationis. Cette transformation s'explique par une tradition de brève main : la femme est censée avoir restitué le fonds à son mari et l'avoir immédiatement reçu de lui *donationis causâ.*

La partie qui, dans un procès, se laisse condamner en n'opposant pas une exception, confère un avantage à son adversaire par un moyen indirect, qui masque véritablement un acte positif. Entre époux, cette donation pourrait être révoquée par la *condictio* (l. 5, § 7).

II. En second lieu, l'acte dont il s'agit doit être *entre-vifs*, c'est-à-dire produire ses effets entre vifs. Les actes de cette nature présentent un danger qui les distingue des dispositions à cause de mort; c'est de dépouiller immédiatement et sans nécessité le disposant : ils sont pour cette raison assujettis à des formes et à des restrictions particulières. La prohibition des donations entre époux, établie uniquement à raison du mariage et par la seule considération de l'intérêt personnel du mari et de la femme, ne s'appliquait point à la succession testamentaire, ni au legs, ni à la *mortis causa capio*, ni, nous l'avons vu, à la *m. c. donatio*.

Toutefois, pour des motifs tout différents, les dispositions testamentaires ne furent pas toujours complétement permises entre les conjoints. En 585, la loi VOCONIA, la même qui réduisit tous les legs, sans distinction du sexe des légataires, à une portion égale à celle de l'héritier, avait en même temps frappé les femmes d'une incapacité spéciale de recevoir par testament; tel avait même été le principal objet de cette loi, portée par le tribun Voconius, et si énergiquement soutenue par M. P. Caton, *magnâ voce et bonis lateribus* (Cicéron, *de Senect.*, v.).

La société romaine subissait, dans toutes ses institutions, une transformation profonde. Dans l'ordre politique, la noblesse patricienne perdait chaque jour du terrain par les empiétements incessants des chevaliers et des plébéiens; et les femmes nobles, par leur mariage avec les plébéiens, portant dans des familles étrangères leurs biens considérables, enlevaient à l'aristocratie avec sa fortune un grand instrument de puissance. Dans l'ordre civil, le mariage libre, en se substituant à la *manus*, avait accompli toute une révolution : l'indépendance absolue de la femme avait remplacé le pouvoir absolu du mari ; la femme émancipée abusait de ses droits nouveaux ; ses richesses étaient pour elle un moyen de détruire les derniers restes de l'autorité maritale, souvent même de dominer son mari, obligé d'avoir recours à elle et désormais placé sous sa main par les poursuites auxquelles il était exposé. *Principio mulier nobis magnam dotem attulit*, disait Caton : *tum magnam pecuniam recipit quam viri in potestate non committit : eam pecuniam viro dat mutuum ; postea, ubi irata facta est, servum recepticium sectari atque flagitare virum jubet.*

La loi VOCONIA eut pour but de maintenir l'équilibre dans l'État, en empêchant les biens des grandes familles d'aller par les femmes enrichir la classe plébéienne, et de fortifier le gouvernement domestique contre les désordres des mœurs nouvelles. Cette loi contenait deux dispositions fondamentales, qui ne concernaient du reste que les citoyens inscrits au cens dans la première classe et possédant une fortune d'au moins cent mille as (Gaii Comm., II, 274) : 1° ils ne pouvaient *instituer héritière* une femme romaine, mariée ou non, *fût-ce leur épouse*, fût-ce leur fille unique ; 2° *à titre de legs*, ils ne pouvaient donner à une femme au delà d'une portion assez incertaine, et que l'opinion commune fixe à un quart (Cujas, Vinnius, II, ch. 23). *L'épouse* ne pouvait recevoir de son mari plus que toute autre : mais ici on faisait exception en faveur de la fille unique. La loi VOCONIA resta entièrement étrangère aux succossions *ab intestat*, que leur rareté rendait peu dangereuses chez un peuple où c'était un déshonneur de mourir sans testament.

La tentative réactionnaire que s'étaient proposée les auteurs de la loi VOCONIA, échoua dans le courant irrésistible des idées et des mœurs. Vainement on faisait jurer aux citoyens de l'observer ; vainement des dispositions pénales attribuèrent au fisc une portion des biens des violateurs de la loi. On trouva mille manières de l'éluder : les fidéicommis, obligatoires aux yeux de l'opinion avant de l'être aux yeux de la loi, fournirent aux testateurs le moyen le plus efficace d'échapper à des prohibitions trop rigoureuses. Au temps de Gaïus, le droit des fidéicommis était établi : la femme pouvait recevoir par fidéicommis l'hérédité que lui refusait la loi VOCONIA (Comm., II, 274.)

Déjà, sous Auguste, les lois décimaires avaient rendu la loi VOCONIA inapplicable aux femmes qui, par leur mariage et le nombre de leurs enfants, pouvaient recueillir les dixièmes autorisés en leur faveur. Sous l'empire de nécessités nouvelles, d'autres règles avaient été imposées aux libéralités testamentaires entre époux. C'était le mariage qu'il fallait relever de l'état de dégradation et d'avilissement où il était tombé par suite de la dissolution des mœurs : c'était la procréation légitime qu'il fallait encourager pour recomposer la classe des citoyens épuisée par les guerres. Les lois JULIA et PAPIA POPPÆA, rendues sous Auguste, qui prononcèrent contre les *cœlibes* une incapacité absolue de recevoir par testament, et, à l'égard des *orbi*, réduisirent les libéralités testamentaires à la moitié seulement de ce qui leur était donné, tracèrent, pour de pareilles dispositions entre époux, des règles particulières.

D'après les lois DÉCIMAIRES (ainsi s'appelaient, au point de vue qui nous occupe, les lois *caducaires*, JULIA et PAPPIA POPPÆA), les conjoints purent recevoir l'un de l'autre, en vertu du mariage seul, *matrimonii nomine*, un dixième des biens du testateur en propriété, plus un tiers en usufruit; mais, à défaut d'enfants, ils ne purent se laisser davantage. La même restriction s'appliquait aux dispositions testamentaires, aux donations à cause de mort, et aux constitutions de dots adventices qui, par le prédécès de la femme, fussent restées au mari. Mais la présence d'enfants augmentait la portion que pouvaient recevoir les époux. Ils pouvaient recevoir un dixième de plus par chaque enfant survivant d'un autre lit; s'ils avaient eu un ou deux enfants communs, qu'ils eussent perdus après l'inscription sur les registres, *post nominum diem amissi*, ils avaient droit à un ou deux dixièmes en sus; et, dans ces deux cas, ils pouvaient, de plus, obtenir en propriété le tiers accordé tout à l'heure en usufruit seulement (Ulp., reg. 16). — Quelquefois, enfin, les époux avaient l'un à l'égard de l'autre la *solidi capacitas*. C'était s'il existait un enfant commun actuellement vivant; si le mari et la femme, ou l'un d'eux seulement, n'avait pas l'âge auquel la loi exigeait des enfants, vingt-cinq ans pour le mari et vingt pour la femme; s'ils avaient dépassé l'âge fixé, le mari soixante ans, la femme cinquante; si les époux étaient en même temps cognats au sixième degré; si le mari était absent *reipublicæ causâ*, son absence pendant sa durée et encore pendant l'année suivante, donnait aux époux pleine et entière capacité de recevoir l'un de l'autre par testament; ils avaient encore la *solidi capacitas* pour un fils mort à quatorze ans, pour une fille morte à douze, pour deux enfants perdus à l'âge de trois ans, pour trois morts *post nominum diem*, pour un seul enfant décédé impubère, n'importe à quel âge, mais dans les dix-huit derniers mois. L'accouchement de la femme dans les dix mois de la mort de son mari lui donnait aussi une entière capacité. Enfin, à défaut de toutes ces conditions, les époux trouvaient le même droit dans le *jus liberorum* qu'ils pouvaient obtenir de l'empereur (Ulp., reg. 16, 1).

Les conjoints, quoique se trouvant dans l'un des cas que nous venons de rapporter, ne pouvaient rien recevoir l'un de l'autre, quand leur mariage était contraire aux prescriptions des lois JULIA et PAPIA POPPÆA, par exemple s'il avait été contracté avec une femme notée d'infamie, ou entre un sénateur et une affranchie (Ulp., reg. 16, 2).

Les lois décimaires survécurent aux lois caducaires dont elles faisaient partie. Constantin, en abolissant les peines du célibat, conserva entre les époux seulement l'incapacité résultant de l'*orbitas*, par crainte de la captation; enfin, une constitution d'Honorius et de Théodose II vint donner aux époux dans tous les cas la *solidi capacitas* (l. 2, C., *de infirm. pœn.*). Depuis lors, les libéralités testamentaires entre conjoints ne furent plus limitées qu'en cas de second mariage et en faveur des enfants du premier lit.

§ 5. — Second caractère de la donation.

Aliénation.

Toute donation suppose nécessairement la translation de quelque bien d'un patrimoine dans un autre, c'est-à-dire une aliénation. Sans aliénation, tous les autres caractères de la donation fussent-ils réunis, il ne saurait y avoir donation. Cela arrivera s'il s'agit d'actes de simple bienveillance, ou bien de la seule négligence d'un accroissement possible de richesses, ou encore de l'abandon par l'un des époux d'un bien qui ne soit pas identiquement recueilli par l'autre époux.

Comme actes de pure bienveillance, sont permis entre le mari et la femme : le mandat, la gestion gratuite par l'un des affaires de l'autre, le dépôt (l. 53, § 2), le commodat, dans les cas ordinaires, lorsque ces actes ne diminuent pas réellement le patrimoine. Les époux peuvent se donner l'usage mutuel de leurs esclaves (l. 28, § 2), ainsi que de tous autres objets, quand même il devrait en résulter quelque détérioration (l. 53, § 1).

Mais il est des biens par leur nature tellement indispensables à la vie que la possession de ces biens constitue, pour celui qui en jouit, un avantage certain, et la privation pour celui qui ne les a pas un dommage évident. Ainsi, une maison est constamment louée ou habitée par le propriétaire, et celui qui n'en a pas est obligé de se procurer une habitation. Appliqué à de pareils biens, le commodat prend le caractère de donation. L'habitation fournie par l'un des époux à l'autre serait considérée comme une donation si elle n'était une conséquence

3

forcée de la vie commune, et si, par exemple, elle était destinée au logement d'esclaves propres et dont l'usage ne serait
pas commun, ou bien à l'exercice d'une industrie séparée.

De même, les fruits ou les fermages d'un bien rural, font
réellement, par la régularité de leur perception, partie inté-
grante de notre patrimoine : la concession gratuite de ces revenus entre époux est une donation prohibée. Le mari ne saurait abandonner à sa femme la jouissance de ses biens propres
(l. 47, D., h. t.), ni même celle des immeubles dotaux (l. 8,
C., h. t.). La dot ne peut être restituée avant la dissolution du
mariage que dans quelques cas énumérés au Digeste, l. 73, *de
jure dot.*, et 20, *soluto matrimonio.*

Une somme d'argent peut produire des intérêts, mais cette
production n'est pas inhérente à sa nature ; elle manque de
ces caractères de régularité et d'uniformité sans lesquels la
loi ne peut apprécier et consacrer l'avantage que procure la
jouissance. Souvent, d'ailleurs, l'abandon des intérêts n'a pour
cause que le désir, de la part du prêteur, de se débarrasser
d'un capital moins sûrement placé dans sa caisse qu'entre les
mains d'un débiteur solvable. En principe, les intérêts de l'argent ne sont pas considérés comme faisant partie des donations.
L'acquittement immédiat d'une dette à terme est permis entre
époux (l. 31, § 6) ; de même le prêt gratuit d'un capital. Mais
l'abandon des intérêts équivaut à une donation lorsque, à
raison de circonstances particulières, cet abandon ne . peut
s'expliquer que par une intention libérale, et s'attribuer qu'à
l'animus donandi : c'est ainsi qu'il y a donation prohibée lorsqu'un mari fait remise à sa femme des intérêts stipulés jus-

qu'au payement de la dot constituée par elle (l. 21, § 1 ; l. 54).

Ce n'est pas une aliénation que l'acte par lequel on néglige simplement d'augmenter son patrimoine sans sacrifier un droit acquis. — Telle est, selon la subtilité des jurisconsultes romains, la renonciation à l'hérédité ou au legs, qui est permise lors même qu'elle est faite par un époux au profit de son conjoint (l. 5, §§ 13 et 14). Tel est, avec plus de raison, l'acte par lequel je détermine un testateur à transférer à mon conjoint l'hérédité ou le legs qu'il me destinait à moi-même (l. 31, § 7). Mais il y aurait véritablement aliénation et donation entre époux si, tout en acceptant une libéralité, le mari chargeait le disposant de faire la tradition à la femme : un pareil acte comprendrait deux opérations abrégées par une tradition de brève main (l. 3, § 13; l. 56).

Enfin la donation n'existe pas faute d'aliénation, lorsque l'objet dont se dépouille l'une des parties ne passe point identiquement à l'autre. Voilà pourquoi la prohibition des donations entre époux ne fait point obstacle à ce que le mari abdique la puissance qu'il peut avoir sur sa femme : le mari perd ainsi la *manus*, la femme émancipée ne l'acquiert pas. — De même, l'époux qui a reçu de son conjoint un esclave pour l'affranchir, acquiert sur ce dernier les droits importants de patronage ; il peut même, pour prix de sa liberté, stipuler de l'affranchi une somme d'argent ou des services (*operæ*) consistant en travail comme domestique ou comme ouvrier : pourquoi? parce que tout cela ne sort pas du patrimoine du conjoint (l. 9, § 1).

§ 3. — Troisième caractère de la donation.

Enrichissement.

L'enrichissement de l'une des parties, par suite de l'aliénation, voilà encore une condition essentielle de la donation. — Il n'y a point donation : 1° lorsque l'acte juridique n'est point attributif d'un nouveau droit, mais seulement confirmatif d'un droit préexistant; 2° lorsque l'avantage qu'il procure est compensé par un sacrifice égal et réciproque; 3° lorsque cet avantage n'est qu'apparent.

I. Est valable entre époux tout acte, même profitable à l'un d'eux, pourvu qu'il n'augmente pas l'étendue de ses biens : ex., le payement d'une dette naturelle, qui ne fait qu'empêcher le créancier de perdre son droit. — La remise du gage faite par le créancier au débiteur n'est pas non plus considérée comme donation (l. 18, D., *quæ in fraud. credit.*).

Il faut considérer comme l'acquittement d'une dette la pension périodique (*annuum*, *menstruum*) qu'un mari fait à sa femme pour son entretien et pour ses menues nécessités. On ne saurait y voir une donation que si le chiffre en était excessif, eu égard à la valeur de la dot : dans ce cas, le mari qui en aurait payé le montant pourrait répéter ce qui resterait (l. 18, pr.). Du reste, la femme n'a pas d'action contre son mari pour obtenir le payement des sommes ainsi promises (l. 11, C., *h. t.*).

II. Pas d'enrichissement, ni par conséquent de donation,

quand l'avantage reçu est détruit par un sacrifice équivalent.

Les cas de ce genre sont extrêmement nombreux : peu importe que le sacrifice réciproque se réfère au passé, au présent
ou à l'avenir.

Ici se placent la constitution de dot, que la femme peut
faire pendant le mariage, et qui impose au mari l'obligation
de subvenir aux besoins du ménage ; — et la disposition réciproque, la *donatio propter nuptias*, que l'on considérait comme
un *datum ob causam*, et non comme une pure donation.

III. Pas d'enrichissement, par suite de donation, lorsque
l'époux ne reçoit une chose que pour la transmettre à un
tiers, à moins que le disposant n'ait eu recours à l'interposition que pour procurer illicitement à son conjoint la jouissance
intermédiaire de l'objet donné (l. 40, l. 34). De même, l'enrichissement n'a pas lieu quand le don est destiné à un usage
qui lui ôte toute utilité pour le donataire, *sepulturæ causâ, vel
ad oblationem Dei, vel manumissionis gratiâ* (l. 5, §§ 8 et 12 ;
l. 7, § 9). — Mais, en pareil cas, la propriété reste à l'époux
donateur jusqu'à ce que la chose ait reçu sa destination (l. 5,
§ 10 ; l. 7, §§ 8-9 ; l. 8-9, pr.).

Par une faveur évidente pour les époux, on ne voyait pas
d'enrichissement dans les donations faites au conjoint pour reconstruire ses bâtiments détruits par accident (l. 14) ; dans les
donations de la femme au mari pour acquérir des dignités, ni
dans celles du mari à la femme pour faire obtenir des honneurs
au parent de celle-ci (l. 40, 41, 42 ; 5, § 17). Voici en quels
termes le jurisconsulte Paul interprétait l'esprit de la règle

prohibitive des donations entre époux : *Et sanè non amarè nec tanquàm inter infestos jus prohibitæ donationis tractandum est, sed ut inter conjunctos maximo affectu et solam inopiam timentes* (l. 28, § 2). Est-il besoin de dire que les époux pouvaient se faire les présents d'usage et sans importance, *kalendis martiis aut natali die?* (l. 31, § 8.)

§ 4. — Quatrième caractère de la donation.
Intention d'enrichir.

C'est un caractère commun à toute libéralité que de se pro-
d r3 par un acte purement désintéressé. Donc pas de donation, si le disposant n'a pour mobile unique ce sentiment que
les textes désignent par les mots *beneficium* et plus rarement
officium, s'il ne se propose pour but l'*utilitas*, le *commodum*
de l'autre partie. Le donataire doit trouver dans la donation,
avec la *causa lucrativa*, le *donandi animus*.

Il n'y a pas donation, parce qu'il n'y a pas volonté d'enrichir, dans l'aliénation qui s'opère à l'insu des parties, comme
cela peut avoir lieu en matière d'usucapion et de proscrip-
tion.

L'*animus donandi* exige, de la part du donateur, la connaissance, non-seulement de l'aliénation, mais encore de l'enrichissement. Il n'existe pas chez la personne qui, en faisant la tradition, croit à tort remplir une obligation ; un pareil acte donne
lieu à la *condictio indebiti ;* — ni chez l'époux qui achète de son
conjoint une chose trop cher ou trop bon marché, parce que l'a-
cheteur ou le vendeur en ignore le véritable prix (l. 31, § 3).

Mais la connaissance de l'enrichissement n'est pas la volonté d'enrichir. L'une des parties peut savoir qu'elle consent un acte avantageux à l'autre, et néanmoins ne lui faire aucune donation, parce que le bénéfice qu'elle lui procure n'est pas pour elle la cause déterminante, mais une conséquence forcée du contrat. Le droit romain admet entre époux une vente à un prix trop élevé ou trop bas, lorsque la chose est indispensable à l'acheteur, ou le prix nécessaire au vendeur.

On ne doit pas voir de donation dans l'acte dicté par un sentiment de piété envers un tiers, et non par le désir de grossir la fortune du bénéficiaire. Voici la disposition de la loi 8, § 18 : *Si quis rogatus sit, præcepta certa quantitate uxori suæ hereditatem restituere, et is sine deductione restituerit, Celsus scripsit magis pleniore officio fidei præstandæ functum maritum quam donasse videri.* Le mari paraît plutôt avoir eu à cœur d'exécuter intégralement la volonté du défunt que voulu faire une libéralité à sa femme : il n'y a pas donation. — Un père économise la valeur de l'entretien que son enfant reçoit d'un étranger. Si cet étranger est l'aïeul maternel de l'enfant (nous sommes à Rome) et qu'il ait sous sa puissance la mère de cet enfant, il y a là un moyen d'éluder la prohibition des donations entre les époux ou les membres de leurs familles respectives. Mais si l'aïeul maternel, en donnant des soins à son petit-fils, n'a point eu l'intention d'enrichir le père de celui-ci, mais qu'il ait été inspiré uniquement par l'humanité, il a fait quelque chose de valable : il a rempli les devoirs de l'amour paternel sans violer la loi civile qui prohibe les donations *inter virum et uxorem.*

Au surplus, il suffit que l'*animus donandi* préside à l'acte pour qu'il y ait donation; et peu importe que la libéralité masque des vues égoïstes et qu'elle ne soit pour le donateur qu'un moyen d'arriver à ses fins : peu importe la cause médiate et éloignée quand la cause immédiate est une *liberalitas.*

La reconnaissance qui motive l'acte fait encore moins obstacle à la donation que le calcul intéressé du donateur. Les donations rémunératoires sont donc interdites entre époux comme donations pures et simples; et si c'était une donation entre fiancés qui dût rémunérer une donation entre époux, la première resterait valable malgré la nullité de la seconde. — Une seule donation rémunératoire est permise entre époux, à cause de l'importance du service rendu : c'est celle qu'une personne fait à son conjoint qui lui a sauvé la vie. *Merces eximii laboris appellanda est,* dit Paul (l. 34, § 1, D., 39, 8).

Il peut arriver que l'intention d'enrichir ne domine pas entièrement l'acte entre époux. Lorsqu'un avantage se trouve renfermé dans un contrat à titre onéreux (*negotium mixtum cum donatione*), les jurisconsultes s'attachent à séparer ce qui est gratuit de ce qui ne l'est pas et appliquent la prohibition en conséquence (l. 8, § 8) (1). La donation résultant d'un contrat de vente ou de société n'a aucune valeur entre époux :

---

(1) L'estimation trop forte ou trop faible des choses dotales en vue de la restitution ultérieure, équivaut à une vente avec donation au profit de la femme ou du mari. Si l'un ou l'autre des époux soutient que l'estimation contient une donation déguisée, la restitution des immeubles se fera en nature (l. 7, § 5, h. t. ; l. 12, pr., D., de jur. dot.).

et la nullité a pour cause, en outre de la qualité des parties, la nature consensuelle du contrat qui, jusqu'à la législation justinienne, restera étrangère à la donation , en sorte que le donataire n'a aucune action pour exercer son droit. Que si, par suite de la simple convention, il avait été fait une prestation volontaire, la donation serait parfaite (et irrévocable après la mort du donateur, sous l'empire du sénatus-consulte de Caracalla dont nous parlerons ci-après) : *Quæ tamen in commune tenuerunt, revocanda non sunt* (l. 32, §§ 24, 28, 26; l. 7, § 6).

S'il était impossible de séparer l'acte permis de la donation prohibée entre époux, comme dans le don d'une servitude au conjoint et à son co-propriétaire, on décidait de préférence le maintien de la donation : *proclivior esse debet judex ad comprobandam donationem* (l. 32, § 4).

La règle était que toute donation était interdite entre époux : il y avait trois cas cependant où, par exception, l'acte, quoique réunissant tous les éléments constitutifs de la donation, était maintenu entre conjoints.

D'abord, entre l'empereur et l'impératrice la règle ne s'appliquait pas (l. 26, C., h. t.).

Secondement, en cas d'exil et de déportation, quoique le mariage ne fût pas dissous par ce seul fait (l. 13, § 1), il était permis à l'époux condamné de faire une donation *exilii causâ* à son conjoint. Ce droit avait été admis en faveur du mariage, pour arracher au Trésor une partie des biens de l'exilé, qui étaient frappés de confiscation (l. 1, D., *de bonis damnat.*).

La troisième exception résulte d'une espèce de compensation qui s'opère entre deux donations réciproques entre époux, quand l'une a été dissipée et l'autre conservée par le donataire. En principe, chacun des époux donateurs devrait avoir simplement son action révocatoire en vertu de la nullité de la donation par lui faite ; mais il serait inique de forcer à la restitution celui dont l'action réciproque se trouve dépourvue d'effet. Voilà pourquoi on lui permet d'opposer la compensation à la répétition dirigée contre lui par son conjoint : la donation faite à l'époux économe devient ainsi valable contre l'époux dissipateur : *hoc divus Hadrianus constituit* (l. 7, § 2.)

SECTION III.

De la nullité des donations entre époux. — Ne valorent.

Nous avons expliqué les deux premiers termes de la règle prohibitive, *ne inter virum et uxorem donationes valerent;* nous savons la portée des mots : *inter virum et uxorem donationes :* il nous reste à déterminer le sens de la nullité dont ces donations sont frappées. Nous verrons : 1° en quoi consiste cette nullité ; 2° quelles en sont les conséquences pratiques, quelle est la sanction de la prohibition.

§ 1. — En quoi consiste la nullité des donations entre époux.

Voici le principe, développé par Ulpien lui-même :

Sciendum est autem ità interdictam inter virum et uxorem donationem, ut IPSO JURE NIHIL VALEAT QUOD ACTUM EST.

Tout acte juridique fait pour produire une donation entre
époux est *nul de plein droit*, et le donateur n'a besoin d'aucune exception pour en détruire l'effet : *ipso enim jure, quæ inter virum et uxorem donationis causa geruntur, nullius mo-
menti sunt* (l. 3, § 10).

La tradition qui n'a d'autre *causa* qu'une donation entre
époux n'opère point translation de propriété. Une pareille donation ne constitue pas non plus le *justus titulus* exigé pour
l'usucapion. Enfin, en cas de *negotium mixtum cum donatione*,
puisque la donation, même suivie de la tradition, n'est point
translative de propriété, la propriété n'est transférée que pour
partie (l. 31, § 3).

La promesse faite sur stipulation entre époux n'engage point
le donateur ; — la remise d'une dette par l'acceptilation ne
libère pas le donataire (l. 3, § 10). Au surplus, l'acceptilation,
toujours nulle à l'égard du conjoint débiteur, peut être utile-
ment faite à ses *correi*. S'il est de principe que l'acceptilation est
nulle pour le tout quand elle ne peut profiter à tous, elle contient implicitement le pacte *de non petendo*, dont peuvent se
prévaloir les co-débiteurs étrangers à la prohibition des donations entre époux (Voët, *ad Pand.*, *h. t.*, nº 8 ; — D., l. 8, *pr.*,
de acceptil., l. 3, § 3, *de liberat. legat.*).

Telle est l'énergie de la prohibition, qu'elle entraîne la nullité même des actes passés avec les tiers pour réaliser des donations entre époux. Est nul l'engagement que prend l'un des
époux envers le créancier de l'autre d'acquitter la dette de ce
dernier (l. 8, § 4). Est aussi nul le transport d'une créance
fait entre conjoints *donationis causâ : Si debitor viri pecu-*

niam, jussu mariti, uxori promiserit, nihil agitur; le mari ne perd pas son droit, et la femme ne devient pas créancière. Dans ce cas, si le débiteur a payé à la femme, il peut revendiquer ses espèces tant qu'elles existent en nature ; mais, sur les poursuites du mari, il peut, d'après la loi 30, se contenter de céder à celui-ci son action, en se retranchant derrière une exception de dol, et ne pas faire un nouveau déboursé qui l'exposerait à l'insolvabilité de la femme.

Dans l'hypothèse où le débiteur du mari a reçu de lui l'ordre, non plus de contracter un engagement envers la femme, mais simplement de payer entre les mains de cette dernière, la loi 3, § 12, considère le débiteur comme libéré par ce payement, et la somme payée comme appartenant au mari, qui est censé l'avoir reçue lui-même et remise ensuite à sa femme : le mari a, en conséquence, les mêmes actions révocatoires que s'il avait fait personnellement la tradition à sa femme. Pareillement, le mari pourra réclamer de sa femme la chose qu'on voulait lui donner à lui-même, et dont il a fait faire par le donateur la tradition à sa femme, tandis qu'il n'aura aucune action contre ce donateur, qui s'est exécuté conformément aux ordres du mari acceptant (l. 3, § 13).

Ce sont là des modifications équitables apportées par le progrès de la législation aux principes rigoureux de l'ancien droit. D'après ces principes, le payement fait à la femme *donationis causâ*, eût été non avenu, et le débiteur du mari serait resté obligé envers lui, sauf le droit d'exercer contre la femme la *condictio indebiti.* — N'était-il pas bien plus simple et plus juste en même temps de libérer le débiteur, qui n'avait payé que par l'ordre du créancier, et de laisser à ce créancier les actions résultant de la nullité de la donation faite à celle qui avait reçu la tradition? Mais cela ne se put qu'après qu'on eut banni du droit une vaine rigueur, et admis, par rapport à la possession et à la tradition, une doctrine plus libre et plus dégagée, qu'après enfin qu'on eut consenti à voir, dans la remise ainsi faite à la femme par l'ordre du mari, le transport au mari lui-même de la possession et de la propriété, en vertu du *constitutum possessorium.*

§ 9. — Conséquences de la nullité.

Sanction de la règle prohibitive.

Lorsque la donation ne s'est pas traduite en faits préjudiciables au donateur, tant que rien n'est sorti de son patrimoine; il n'a rien à réclamer; il n'a besoin d'aucune action. La nullité même lui suffit : il peut refuser d'exécuter sa promesse; la stipulation n'a pas créé contre lui d'obligation; — que si la donation a consisté dans une acceptilation, la créance subsiste toujours (l. 3, § 10).

Le besoin de voies de droit pour le donateur ne se présente qu'autant que la donation a été suivie d'effets qu'il s'agit de réparer. Deux actions lui sont alors offertes : la revendication et la condiction, suivant les cas.

1. *De la revendication.* — Le donateur peut revendiquer la chose donnée tant qu'elle existe en nature, puisqu'il n'a point cessé d'en être propriétaire, et que la tradition n'a produit aucun effet (l. 30). Cette revendication est, par sa nature, susceptible de s'exercer contre tout détenteur qui n'a

pas encore usucapé. Elle saisit l'objet dans l'état où il se trouve, avec les augmentations ou les détériorations qu'il peut avoir subies (l. 28, 31, § 2); toutefois l'époux donataire doit être indemnisé de ses impenses : il est assimilé au constructeur de bonne foi; s'il n'ignorait pas la nullité de la donation, il a du moins construit au vu et au su du propriétaire.

Lorsque la restitution ne se fait pas en nature, l'époux donateur, qui après tout s'est volontairement dessaisi, doit se contenter de la juste valeur de la chose et n'est point reçu à prêter le *jusjurandum in litem* : il doit même fournir au donataire une caution, au simple, contre l'éviction à laquelle celui-ci est exposé par suite de cette sorte d'achat, garantie qui n'eût pu être exigée du revendicant si pareille chose se fût passée entre époux. Du reste, le droit de revendication se borne à la chose même qui a été donnée; il ne s'étend pas à l'objet acquis avec l'argent donné : la propriété n'en appartient nullement au donateur (l. 9, C., *h. t.*). Cependant, par une faveur spéciale, il pourrait, en cas d'insolvabilité de l'époux donataire, se faire attribuer le nouvel objet au moyen d'une *vindicatio utilis : Nihil prohibet*, dit Paul, *etiam in rem utilem mulieri in ipsas res accommodare* (l. 58, *in fine*; l. 30).

A l'égard des matériaux donnés et employés dans une construction par le conjoint donataire, Nératius avait émis l'opinion que le donateur avait le droit de les faire détacher s'ils pouvaient lui être encore de quelque utilité après l'enlèvement; parce que la loi des Douze-Tables, en posant le grand principe *Tignum junctum œdibus ne solvito*, n'avait pas prévu le cas où l'emploi des matériaux aurait eu lieu du consentement du propriétaire. Paul pensait, au contraire, que le propriétaire qui avait connu la construction devait être traité avec moins de faveur que le propriétaire dépouillé à son insu : en conséquence, il ne reconnaissait à l'époux donateur que le droit de revendiquer sa chose lors de la ruine du bâtiment, et lui refusait en attendant l'action au double, *de tigno juncto*. Il n'entendait pas, au surplus, le priver de la *condictio* et du droit de réclamer la valeur de la chose dans la mesure de l'enrichissement du donataire, ce dont nous allons parler tout à l'heure (l. 63). — Mais il est une revendication que le conjoint donateur pouvait exercer immédiatement, c'était celle qui n'occasionnait aucun dommage à l'édifice : elle ne violait pas le sénatus-consulte rendu sous Adrien, et dont le but était uniquement d'empêcher la démolition des édifices pour faire le commerce de matériaux (l. 48).

II. *De la condiction.* — Lorsque le donataire n'a plus la chose donnée, il n'est plus exposé à la revendication. Mais, s'il n'a pas conservé l'objet en nature, il peut en détenir la valeur. S'il a échangé la chose, s'il a payé une dette avec la somme reçue, s'il a prêté le capital et est demeuré créancier, il reste enrichi par suite de la donation prohibée, *sine causâ* ou *ex injustâ causâ*, — *ex quibus causis condictio nasci solet* (l. 6). La condiction a pour objet de faire obtenir au donateur la valeur dont le donataire se trouve enrichi.

La jurisprudence romaine, étendant successivement le domaine de la *condictio*, avait admis que, dans tous les cas où une personne se trouvait sans juste cause enrichie du bien d'autrui, il y avait lieu contre elle à une *condictio* pour la répétition de ce dont elle avait profité. La loi 5, § 18, ne fait qu'appliquer cette règle à notre espèce : *In donationibus autem jure civili impeditis revocatur donum....., ut, si quidem res extet, vindicetur : si consumpta sit, condicatur hactenus quatenus locupletior quis eorum factus est.*

L'enrichissement du donataire, telle est la mesure de la *condictio*; et, conformément aux principes généraux, l'appréciation se fait d'après l'état des choses au début de l'instance, et non au moment du jugement, *litis contestatæ tempore, non rei judicatæ* (l. 7, pr. et § 3). On fait entrer dans l'enrichissement les produits des choses acquises par le donataire, comme les enfants des esclaves qu'il a achetés avec l'argent donné, les legs et les hérédités qui leur auraient été adressés (l. 28, § 5).

Que la chose donnée ait péri en tout ou en partie, que le donataire ait employé la somme reçue à l'achat d'un objet qui ne vaille pas tel prix, que l'objet acheté ait péri depuis, que le donataire, au moment de la perte, en fût à la première ou à la seconde acquisition; dans tous les cas, il lui suffit, pour être quitte, de restituer tout ce qui lui reste, tout ce qui lui est provenu plus ou moins directement de la donation. Il serait inique de traiter rigoureusement le donataire : il savait, à la vérité, que la chose appartenait à autrui, mais il en usait avec le consentement tacite du propriétaire. L'époux donataire n'est responsable que de son dol : les jurisconsultes donnent contre l'époux qui a dissipé ou aliéné la chose à dessein, *quominus possideret*, l'*actio ad exhibendum*, et contre celui qui l'a détruite ou endommagée volontairement, l'*actio legis Aquilia* (l. 14, *ad exhib.*; l. 37, *h. t.*, D.).

D'après ce qui précède, la chose achetée avec l'argent donné est, comme le serait l'objet donné lui-même, aux risques et périls du donateur jusqu'au moment de la *litis contestatio*. Le taux de l'enrichissement du donataire est, au contraire, invariablement déterminé, lorsque l'usage de l'argent donné était déjà fait avant la donation, et que la somme a été employée à l'acquittement d'une dette : car alors le passif du donataire a été diminué d'autant, et c'est un enrichissement qui ne peut évidemment ni se perdre ni se modifier (l. 7, § 7). — On conçoit, au surplus, que l'insolvabilité du donataire n'empêche pas qu'il ne se trouve encore enrichi par suite de la donation, s'il en a conservé quelque chose de quelque manière que ce soit, ou bien si elle lui a procuré la libération d'une obligation (l. 88).

Il faut, du reste, bien distinguer la donation du prêt ou du détournement : dans ces deux derniers cas, la restitution est due de toute la chose prêtée ou soustraite, et non-seulement de ce qui a profité au conjoint (l. 17, C., *h. t.*; l. 88, § 2, D.).

Si le donateur ne peut pas toujours obtenir tout ce qu'il a donné, il ne peut jamais se faire rendre davantage. Le donataire de 200 écus, qui achète avec cette somme un objet de 300 écus, n'est point tenu de restituer plus qu'il n'a reçu, et conserve le bénéfice de sa spéculation.

L'enrichissement résultant de la donation se présume toujours : c'est au donataire à prouver le fait qui a anéanti ou amoindri le profit de la libéralité. Cette preuve peut être difficile, surtout s'il s'agit d'une somme d'argent ; mais elle peut résulter suffisamment des circonstances. La loi 7, § 1, suppose qu'un mari a donné à sa femme une somme pour acheter des parfums, *in unguenta*, et que la femme, après avoir payé une dette personnelle avec cet argent, achète des parfums pour la même somme : cette loi décide que la femme ne s'est pas enrichie, *quia non est locupletior quæ tantumdem in re mortua impendit.*

Les fruits de la chose donnée sont-ils compris dans la répétition ?

Nous avons dit plus haut que l'abandon de la jouissance d'un bien rural produit un appauvrissement réel, à cause de la certitude et de la régularité des fruits que donne un tel bien, tandis qu'il en est autrement des intérêts d'un capital. Les *usuræ pecuniæ* ne peuvent être répétés avec la somme donnée entre époux : ce point n'est pas controversé (D., l. 7, § 1) ; mais il y a de grandes dissidences parmi les jurisconsultes romains relativement aux *prædiorum fructus*. Ulpien rapporte que Julien assimile les fruits aux intérêts et les laisse au donataire (l. 17, *pr.*). Pomponius distingue entre les fruits naturels et les fruits industriels, et n'admet la répétition que des premiers (l. 48, D., *de usuris*). — Cette distinction n'est pas fondée : s'il est juste de tenir compte au conjoint donataire de ce qui lui est dû, *pro culturâ et curâ*, il faut convenir que la totalité des fruits cultivés serait une indemnité exorbitante ; elle dépasserait le chiffre des impenses au moins de la quotité représentée dans une location par les fermages. Quant à l'opinion d'Ulpien et de Julien, elle est en désaccord avec la règle

que la cession spéciale des fruits est considérée comme donation. Marcellus décide qu'une femme ne peut pas, même indirectement, procurer à son mari la jouissance d'un immeuble
à elle appartenant (l. 49, *h. t.*), et la loi unique, au Code, *si
dos constante matrimonio*, déclare qu'un mari qui restitue la
dot à sa femme pendant le mariage, *lui fait une donation
prohibée*, et qu'il peut se la faire restituer avec les fruits qu'elle
a produits, *ex die refusæ dotis*. Le système le plus plausible
est celui de Marcellus, qui admet la révocation pour toute espèce de fruits. Ulpien et Pomponius semblent s'être laissé sé-
duire par une analogie trompeuse entre les fruits et les intérêts de l'argent : *Julianus significat fructus quoque*, UT USURAS,
licitam habere donationem (l. 17).

Le débat auquel donne lieu la révocation de la donation est
renfermé entre les parties mêmes qui ont figuré dans l'acte,
entre le donateur et le donataire. Si ces parties sont, par
exemple, la femme et son beau-père ayant le mari sous sa
puissance, le mari reste étranger à la contestation.

En outre des actions dont nous avons parlé, la femme donatrice avait, pour se faire restituer, le *judicium dotis*, applicable à tout ce que son mari pouvait lui devoir, mais qui ne
permettait de le condamner que *quatenus facere poterat* (l. 55,
in fine). — Quand, au contraire, la donation avait été faite par
le mari, la dot était pour lui une garantie de restitution : il
pouvait la retenir tant qu'il n'avait pas recouvré la chose donnée. La rétention *ob res donatas* était une sorte de compensation
qui remplaçait pour lui la *condictio*. Justinien abolit cette rétention comme toutes les autres (l. un., § 5, C., *de rei ux. act.*).

CHAPITRE II.

DU SÉNATUS-CONSULTE RENDU SOUS SÉVÈRE ET CARACALLA.

La prohibition qui frappait les donations entre époux était trop rigoureuse, la nullité trop absolue. Pour protéger les conjoints l'un contre l'autre, ne suffisait-il pas que la faculté de révocation appartînt au donateur? A quoi bon l'étendre à ses héritiers, quand on ne se préoccupait aucunement de l'intérêt de la famille? D'ailleurs, le disposant pouvait confirmer par testament les donations prohibées : pourquoi exiger une déclaration de volonté aussi formelle, et ne pas se contenter d'un silence assez significatif? Enfin la donation à cause de mort était valable entre mari et femme : lorsque le disposant avait soumis à la condition de son décès la donation par lui faite à son conjoint, cette donation produisait ses effets si le donateur venait à prédécéder sans avoir changé de volonté ; ne convenait-il pas, dans ce même cas de prédécès du donateur survenu pendant le mariage sans révocation de sa part, d'attribuer à la donation pure et simple les effets de la donation faite dans la prévision du prédécès.

En l'an 206, « l'empereur Antonin Caracalla, du vivant de » son père Sévère, proposa et fit adopter un sénatus-consulte » qui relâcha quelque chose de la rigueur du droit. » (l. 32, pr.). Ce sénatus-consulte est attribué par les textes, tantôt à Septime-Sévère, sous l'empire duquel il fut rendu (l. 23, h. t.,

D., l. 10, C., h. t.; Vatic., frag., § 276), tantôt à Caracalla, qui le présenta comme associé à l'empire, et qui prononça l'*oratio* devant le sénat (l. 3, *pr.*, et l. 32, *pr.* et § 1, *h. t.*). Le *principium* de la loi 32 explique suffisamment le langage des jurisconsultes et des empereurs. Il n'est pas à croire, comme l'ont supposé quelques interprètes, qu'il ait existé sur cette matière deux décrets, l'un de Sévère, l'autre de Caracalla; les textes nombreux du Digeste sur ce sujet feraient au moins connaître les dispositions spéciales de chacun de ces sénatus-consultes et leurs différences.

L'innovation du sénatus-consulte de l'an 206 se trouve résumée dans ces termes de l'*oratio* rapportés par Ulpien : « Fas » esse cum quidem qui donavit pœnitere ; heredem vero eri- » pere forsitan adversus voluntatem supremam ejus qui dona- » verit, durum et avarum esse. » L'époux donateur peut toujours révoquer sa libéralité; mais s'il meurt sans l'avoir révoquée, la donation se trouve confirmée.

Nous avons à examiner avec quelques détails : 1° à quelles conditions les donations entre époux peuvent être confirmées; 2° à quelles libéralités s'applique le sénatus-consulte; 3° quels sont les effets de la confirmation.

SECTION I.

A quelles conditions les donations entre époux se trouvent confirmées?

La première condition requise pour la confirmation de la donation entre époux, c'est que le donateur, qui a seul désormais, mais qui a toujours le droit de révocation, soit mort sans l'avoir exercé; il faut, en outre, qu'un divorce ne soit pas intervenu depuis la donation; enfin, que le donataire ait survécu au donateur. L'émancipation et quelques autres faits que nous indiquerons font également obstacle à la confirmation en vertu du sénatus-consulte.

I. Il faut que le donateur soit mort sans avoir usé du droit de révocation.

La mort du donateur confirme la donation, de quelque manière qu'elle arrive, naturellement ou par suite d'une condamnation : l'époux innocent ne doit pas être puni des crimes de son conjoint (l. 24, C., h. t.).

La servitude, quoique assimilée à la mort, ne valide point la donation : elle l'anéantit, en enlevant au donateur sa capacité. C'est du moins ce qui a lieu quand le donateur devient esclave d'un particulier. Par une exception de faveur, la *servitus pœnæ* confirmait la donation entre époux comme la mort même (l. 32, § 6, D.; l. 24, C., h. t.). Dans le cas de déportation, quoique les biens du condamné fussent confisqués, la donation par lui faite à son conjoint subsistait néanmoins, en ce sens qu'elle restait en suspens jusqu'à la mort naturelle du donateur, qui pouvait toujours la révoquer (l. 24, C.).

La captivité du donateur ne confirme la donation que s'il meurt chez l'ennemi : s'il en revient, il est censé n'avoir jamais perdu la liberté, en vertu du *jus postliminii*.

Pour valider la donation faite à un époux, ou à ceux dont la personne se confond avec la sienne, par le beau-père qui a l'autre conjoint sous sa puissance, il faut le prédécès de ce conjoint, et, en outre, celui du donateur lui-même : *ut valeat ista donatio, Papinianus exigit ut et filius ejus qui donavit ante decesserit, et socer postea, durante voluntate* (l. 32, § 10). Le sentiment incomplétement exprimé par Ulpien dans le § 20, où il dit seulement que la mort du donateur est nécessaire, se concilie sans peine avec la doctrine de Papinien.

Les donations entre époux, nulles en principe, sont toujours révocables au gré du donateur lui-même. Il suffit qu'il manifeste clairement sa volonté à cet égard d'une manière expresse ou seulement tacite. En cas de doute sur son intention, on maintient de préférence la donation. S'il y a eu des variations successives, c'est la dernière manifestation de volonté qui l'emporte (l. 32, §§ 3 et 4).

Lorsque l'époux donateur a institué héritier *cum libertate* l'esclave par lui donné à son conjoint, on distingue, pour apprécier son intention, si l'institution est antérieure ou postérieure à la donation : dans le premier cas, Ulpien décide que la donation a révoqué l'affranchissement, et que l'esclave, au lieu de devenir libre et héritier nécessaire du donateur, acquerra l'hérédité au donataire; dans le second, il voit dans l'institution avec affranchissement l'intention de la part du disposant de s'assurer un héritier nécessaire et de révoquer la libéralité, à moins de preuve contraire (l. 22).

Le fait par le donateur de conférer à son créancier un droit de gage ou d'hypothèque sur la chose donnée était considéré comme une révocation tacite (l. 12, C., *h. t.*; l. 32, § 5, D.). Pour qu'il en fût autrement, il fallait que la volonté contraire fût bien établie. Mais on permettait au donataire de conserver

la chose, s'il donnait satisfaction au créancier. La novelle CLXXII, ch. 1, décida avec plus de raison que le gage ou
l'hypothèque consentie sur la chose donnée n'entraînerait jamais révocation : cette règle était plus conforme à l'intention
présumable du donateur. Les débiteurs qui empruntent sur
hypothèque sont loin de regarder leurs biens comme vendus :
*sæpe enim de facultatibus suis plùs quàm in his est sperant ho-
mines.* Quant aux aliénations véritables, entre-vifs ou à cause
de mort, elles emportèrent toujours révocation de la donation
entre époux (l. 32, § 15, D. ; l. 12, C., *h. t.*).

II. Pour qu'une donation soit confirmée par la mort du donateur, il faut qu'elle n'ait point été suivie d'un divorce (l. 18,
C., *h. t.* ; l. 62, § 1, D.) : *si divortium post donationem inter-
cesserit, veteri juri statur* (l. 32, § 10). Il n'est pas vraisemblable que l'intention de donner ait survécu au mariage, même
dissous *bonâ gratiâ.* Le divorce, quelle qu'en soit la cause,
équivaut à une révocation tacite. Au surplus, le donateur est
parfaitement libre d'empêcher l'infirmation résultant du divorce par une confirmation expresse (§ 10). La donation anéantie peut être renouvelée par la suite. Si le mariage se rétablit,
et que la volonté du donateur reparaisse, sa mort durant le
mariage confirme la donation (l. 32, § 11).

Un simple refroidissement qui aurait existé entre les époux
n'empêcherait pas la confirmation de la donation ; il en serait
de même de l'habitation séparée, qui ne détruit pas l'affection
conjugale (§§ 12 et 13).

Le divorce qui fait obstacle à la confirmation n'est pas seulement celui qui a lieu entre le mari et la femme, c'est encore

la rupture qui s'accomplit spécialement entre la personne même du donateur et le donataire : *si socer nurui nuntium miserit, donatio erit irrita* (l. 32, §§ 19, 20). Antonin le Pieux avait enlevé au père de l'un des époux le pouvoir de rompre le mariage bien uni auquel il avait donné son consentement (Paul. Sent., v, 6, § 15 ; l. 1, C., *de lib. exhib.*) ; mais l'envoi du *repudium* par le père avait encore pour effet de révoquer les donations par lui faites.

III. La survie du donataire est encore une condition requise pour la confirmation de la donation. La confirmation repose sur la volonté présumée du donateur, et n'a lieu qu'autant que le donataire survivant peut en profiter. Le sénatus-consulte, en ôtant aux héritiers du donateur l'action révocatoire, n'a entendu favoriser que le donataire, point ses héritiers.

Le prédécès du donataire réduit la donation à néant ; — elle ne peut produire d'effet à l'égard des héritiers que par une confirmation expresse du donateur (l. 32, § 10) ; — la chose peut toujours être répétée contre les héritiers du donataire prédécédé qui l'ont conservée, sans qu'ils puissent opposer la compensation de la donation réciproque par lui faite au survivant et dissipée depuis, laquelle se trouve confirmée par le prédécès du donateur (l. 32, § 9 *in fine*) et ne doit pas plus être compensée avec la donation nulle que ne le serait tout autre gain valable tel qu'un legs.

La donation faite par la femme au père du mari n'est pas toujours infirmée par le prédécès du donataire. Si le mari est son unique héritier, la libéralité passe du père au fils, ou plutôt il se forme une nouvelle donation, qui est recueillie par le mari, *quasi nova donatio in maritum collata* (l. 32, § 18).

L'esclavage du donataire, comme son prédécès, annule la libéralité (l. 32, § 6). Il en est autrement de sa captivité, pourvu toutefois qu'il recouvre la liberté par la suite, *si ab hostibus redeat :* tout alors est effacé rétroactivement *jure postliminii* (l. 27, C., h. t.).

La mort simultanée des époux vaut comme confirmation des donations qu'ils se sont faites mutuellement. C'est le prédécès du donataire qui empêche seul la confirmation : or, *non videtur prior decessisse vita qui donatum accepit, cùm simul decesserint.* La captivité simultanée produirait le même effet, si le mari et la femme mouraient à l'étranger : ils seraient réputés morts l'un et l'autre au moment de leur entrée en captivité, en vertu de la fiction de la loi Cornélia; s'il en revenait un seul, il serait censé avoir survécu, et la confirmation n'aurait lieu qu'à son profit (l. 32, § 14).

IV. Est-il besoin de rappeler ici les principes généraux et les conditions essentielles à la validité de toute donation entre-vifs? Des conditions spéciales étaient requises pour la confirmation des donations entre époux, mais elles ne dispensaient pas ces donations des règles ordinaires. Il est trop évident que l'empiétement sur la quarte Falcidie, la fraude commise envers les créanciers et l'action Paulienne qui en résultait, enfin le défaut d'insinuation, étaient autant d'obstacles à la confirmation des donations entre époux.

SECTION II.

Quelles sont les donations comprises dans le sénatus-consulte ?

L'étendue du sénatus-consulte est la même que celle de la prohibition. Les donations confirmées par la mort du donateur aux conditions que nous venons de parcourir, ce sont toutes les donations entre époux, ce sont toutes les libéralités qui, d'après ce que nous avons vu précédemment, doivent être considérées comme faites entre époux, et qui réunissent tous les caractères de la donation.

En ce qui concerne les personnes auxquelles s'applique le sénatus-consulte, il n'y a rien de spécial à dire ici : nous renvoyons aux développements que nous avons donnés (Ch. I, sect. 1) sur les libéralités qui ont lieu *inter virum et uxorem : nam quæ ratio donationem prohibuit, eadem beneficium datum imploravit* (l. 32, § 16).

Si un beau-père, ayant l'un des époux en sa puissance, avait donné à son gendre ou à sa bru également en puissance, ou à leur *paterfamilias*, et que depuis l'un des conjoints eût été émancipé, la donation ne pourrait être confirmée en vertu du sénatus-consulte, car l'émancipation aurait détruit cette confusion de personnes qui se produit entre chaque époux et les membres de sa *familia*, et il n'y aurait plus *donatio inter virum et uxorem* au décès du donateur (l. 32, § 21).

Toutes les donations nulles uniquement comme faites entre époux se trouvent confirmées par le sénatus-consulte de Ca-

racalla; — qu'elles consistent dans une translation de propriété, ou dans la remise d'une dette; que l'objet ait été livré
directement au donataire ou remis à une personne par lui
interposée. La confirmation n'aurait pas lieu de même si la
personne avait été interposée par le donateur et qu'elle n'eût
pas fait la restitution avant la mort de ce dernier; car alors le
contrat ne se serait pas formé entre les époux, et le mandat
étant révoqué par la mort du donateur, ses héritiers pourraient
s'opposer à la tradition (l. 11, § 8).

Bien entendu, les donations pour lesquelles il existe des
causes de nullité particulières, autres que le mariage, celles,
par exemple, qui résultent d'un contrat de société, à moins
qu'il n'ait été exécuté volontairement par une tradition, — ou
d'une vente apparente servant à couvrir une pure donation,
ne sont point confirmées par la mort du donateur (l. 32,
§§ 24 et 25). *Pro socio actio non erit, quia nulla societas est quæ
donationis causa interponitur, nec inter ceteros, et propter hoc
nec inter virum et uxorem, — Idem erit dicendum, et si emptio
contracta sit donationis causa : nam nulla erit.* Lorsque Justinien eut fait de la donation un contrat consensuel, les actions
ex empto et *pro socio* purent être exercées par le donataire,
et les donations déguisées sous un acte de vente ou de société
furent valables entre toutes personnes en général et confirmées entre époux par le prédécès du donateur.

C'est une question de tout temps fortement agitée que de
savoir si le sénatus-consulte comprenait les donations consistant en une simple *obligatio*, et s'il permettait au donataire
d'en exiger l'exécution après la mort du donateur. Les juriscon-

sultes, interprétant le Digeste à l'époque de Justinien, avaient
déjà soulevé cette controverse. L'empereur résolut affirmative-
ment la question par la novelle CLXII, ch. 1. Cette novelle,
dont on a contesté dans notre ancien droit la force législative
parce qu'elle n'est pas glosée, a du moins évidemment la plus
grande autorité historique et doctrinale. Cujas, Furgole, Vinnius, Pothier, se sont prononcés pour la négative ; cependant
les textes les plus précis mettent sur la même ligne toutes les
donations, qu'elles consistent en une *datio*, en une *acceptilatio*,
ou en une *promissio*. D'abord Ulpien indique en ces termes
les effets des donations d'après l'*oratio* : *Oratio... pertinet...
ad OMNES donationes...ut et ipso jure res fiant ejus cui donatæ
sunt, et obligatio sit civilis* (l. 32, § 1). Le sens de ces mots
et obligatio sit civilis placés après ceux-ci *ut et ipso jure res
fiant ejus cui donatæ sunt,* est évidemment que la promesse
sur stipulation devient civilement obligatoire comme la translation de la propriété devient valable et irrévocable. L'explication des anciens glossateurs, d'après lesquels les mots *et
obligatio sit civilis* se rapporteraient à une obligation déjà
exécutée, tend à faire de ce membre de phrase un pléonasme,
la répétition pure et simple de l'idée précédente; l'interpréta-
tation de Cujas, reproduite par Pothier (*ad Pand., h. t.,* n° 70),
qui voit dans l'obligation dont il s'agit une cession de créance
entre époux, n'est rien moins que naturelle. — Le § 23 de la
loi 32 déclare le sénatus-consulte applicable à toutes sortes de
donations entre époux : *generaliter universæ donationes*, dit
Ulpien, *quas impediri diximus, ex oratione valebunt.* La loi 33,
qui est du même jurisconsulte, ne fait que tirer une consé-

quence du principe : cette loi admet, *en vertu du sénatus-consulte,* successivement pour le mari et pour la femme le droit de réclamer des héritiers du prédécédé la somme annuelle que le survivant a stipulée pendant le mariage. — Enfin une constitution d'Alexandre Sévère (l. 2, C., *de dote cauta*) déclare que si le mari, dans le but d'avantager sa femme, a reconnu une dot plus considérable que celle qu'il a reçue en réalité, et qu'il soit mort sans avoir révoqué sa libéralité, la femme peut réclamer le tout *judicio dotis.*

Un seul texte d'Ulpien mal compris semble être en contradiction avec ceux que nous avons relatés, et sert de base à la doctrine qui refuse d'appliquer le sénatus-consulte à la simple promesse : « Papinianus, dit Ulpien, *rectè* putabat orationem » D. Severi ad rerum donationem pertinere ; denique, si stipu- » lanti spopondisset uxori suæ, non putabat conveniri posse » heredem mariti, licet durante voluntate maritus decesserit » (l. 23, *h. t.*). Les auteurs que nous combattons font rapporter l'approbation d'Ulpien, l'adverbe *rectè,* à l'ensemble de la doctrine de Papinien, à son opinion sur la stipulation comme sur la tradition. Nous n'oserions pas, pour faire cesser une prétendue antinomie, adopter la méthode expéditive de quelques interprètes, qui suppriment le mot *rectè :* aucun manuscrit n'autorise ce procédé commode. Nous ne croyons pas non plus devoir expliquer le texte de la loi 23 par la supposition trop hypothétique de deux sénatus-consultes qui auraient confirmé, le premier les donations par tradition seulement, le second même les donations par promesse ; et dans l'intervalle desquels devrait se placer la distinction de Papinien, approuvée

en entier par Ulpien, tandis que les autres textes d'Ulpien, qui
etendent la confirmation à toutes les donations également,
appartiendraient à une époque postérieure. Mais nous pensons
avec M. Savigny, et suivant l'avis déjà émis par Sfordiger que
cite Vinnius, que par l'adverbe *recte* Ulpien n'a entendu s'ap-
proprier du sentiment de Papinien que la première partie,
relative aux donations par tradition, point la partie qui concerne les simples stipulations. L'opinion véritable d'Ulpien
nous est manifestée par un assez grand nombre de textes clairs
et non équivoques. Sans doute ce que l'*oratio* proclame *durum
et avarum,* c'est le *heredem eripere.....* Mais est-ce que cette
expression *eripere* ne signifie pas évidemment ici tout acte de
l'héritier contraire à la volonté probable du donateur, et par
conséquent aussi bien le refus de remplir l'engagement de ce
dernier que la revendication du bien par lui donné? Papinien
s'est attaché beaucoup plus à la lettre qu'à l'esprit du sénatus-
consulte.

SECTION III.

De l'effet des donations entre époux sous l'empire du séna-
tus-consulte.

En réalité, le sénatus-consulte de l'an 206 n'a fait qu'appor-
ter une exception fort importante à la règle qui prohibe les
donations entre époux.

A partir de cette époque, ces donations restent nulles
comme par le passé, *veteri juri statur*, à moins que toutes les
conditions requises pour leur confirmation ne se trouvent

réunies : une seule différence paraît exister relativement à la
rigueur de l'action révocatoire. Avant le sénatus-consulte,
lorsque la nullité était absolue et proposable par les héritiers
du donateur comme par le donateur lui-même, alors que le
donataire n'avait aucune possibilité de devenir propriétaire de
la chose, il ne pouvait guère la consommer ou l'aliéner de
bonne foi, il est à croire que les jurisconsultes furent plus
sévères à son égard dans l'application de la *condictio sine
causâ*; c'est alors que Pomponius donnait contre lui l'*actio ad
exhibendum* pour avoir aliéné la chose *quia dolo fecisset quominus possideret* (l. 14, D., ad exhib.), et Julien l'*actio legis
Aquiliæ*, pour l'avoir endommagée ou détruite (l. 37, h. t.).—
Le sénatus-consulte, plus favorable à l'époux gratifié, qui interdit aux héritiers la révocation, et qui valide ainsi dans un
cas donné la libéralité, semble avoir enlevé tout recours au donateur lui-même, une fois la chose consommée, de quelque
manière qu'elle ait été aliénée ou dissipée, pourvu qu'elle
n'ait procuré au donataire aucune acquisition nouvelle. « Quod
» ait oratio, *consumpsisse*, sic accipere debemus, ne is qui do-
» nationem accepit, locupletior factus sit : ceterùm, si factus
» est, orationis beneficium locum habebit » (l. 32, § 0). Il
y a *consumtio* dans le sens de l'*oratio* toutes les fois que la
chose est sortie du patrimoine du donataire sans y laisser aucun enrichissement : et dans ce cas il n'y a pas lieu d'appliquer le sénatus-consulte; la donation s'est trouvée confirmée,
et la révocation est devenue impossible par cette *consumtio*
même.

De ce qu'il suffit, pour la confirmation des donations entre

époux, du prédécès du donateur survenu avant toute révocation, il résulte que les effets de ces donations sont en suspens
tant que rien ne fait obstacle à l'accomplissement de cette confirmation : la tradition n'a pas encore opéré la translation de
la propriété, l'acceptilation n'a pas encore libéré le donataire,
la promesse n'a engendré aucune action (§ 23).— Mais la confirmation rétroagit par ses résultats jusqu'à l'époque de la donation, et l'on opère comme si la donation eût été valable dès
le principe (l. 25, C., h. t.).

La donation entre époux, sous l'empire du sénatus-consulte,
subordonnée à la condition du décès de l'époux donateur, révocable à son gré jusqu'à sa mort, ayant un effet rétroactif au
jour de l'acte, présentait beaucoup de rapports avec la donation
à cause de mort. — Comme la donation à cause de mort, elle
était révoquée de plein droit par le prédécès de l'époux donataire ; toutes deux étaient également nulles si le donateur était
incapable au jour de sa mort (l. 32, §§ 6, 7, 8). — Relativement à l'application de la loi FALCIDIE, les donations confirmées
par le décès étaient assimilées aux legs et aux donations à
cause de mort (l. 32, § 1, in fine). — Les paragraphes 7 et 8
vont jusqu'à attribuer *expressément* à la donation entre-vifs les
conséquences de la *mortis causâ donatio*. Il est possible que
cette analogie ait enhardi le législateur à introduire un nouveau droit. C'était, on le sait, par voie d'assimilation timide que
s'opéraient à Rome les réformes dans la législation. Peut-être
supposa-t-on, *finxère*, que l'époux décédé sans avoir révoqué
sa libéralité avait voulu faire une donation *mortis causâ* pour
le cas où il viendrait à mourir pendant le mariage. Ce qui

nous semble certain, et ce que nous voulons constater, c'est que, même dans le droit romain, où les donations *mortis causâ* étaient admises comme les donations entre-vifs, et où la donation entre époux aurait pu appartenir à une classe comme à l'autre, elle fut et ne cessa jamais d'être une donation entre-vifs : prohibée d'abord comme telle, ce fut comme donation entre-vifs qu'elle fut confirmée plus tard par le sénatus-consulte. Aussi nous paraît-il douteux qu'elle pût être rescindée pour insolvabilité du donateur, et soumise à la maxime : *non sunt bona nisi deducto ære alieno.* La décision de la loi 18, C., *h. t.,* invoquée par Pothier dans le sens contraire, semble n'être qu'une exception de faveur pour le fisc, laquelle suppose une règle générale contraire (*Conf.* l. 4, C., *de primipilo*). Aussi encore la donation simple entre époux était-elle assujettie aux formes des donations entre-vifs ordinaires, et notamment à la formalité de l'insinuation, dont furent toujours dispensées les donations à cause de mort. La confirmation n'avait lieu qu'autant que la donation entre-vifs avait été insinuée, si elle excédait 200 solides avant Justinien, et 500 solides depuis lui. A défaut de cette formalité, la donation était nulle pour l'excédant : une confirmation spéciale par testament pouvait prévenir cette nullité, mais elle n'opérait pas la rétroactivité.

Ainsi donc, en droit romain, les donations entre époux furent toujours de véritables donations entre-vifs : c'est une pierre d'attente que nous posons ici pour reprendre la question avec le code Napoléon.

APPENDICE.

DES SECONDES NOCES.

Nous ne pouvons passer sous silence l'effet des secondes noces sur les libéralités entre époux, ni les constitutions impériales qui apportèrent tardivement à ce sujet, dans la législation, des dispositions salutaires. Nous retrouverons trois de ces constitutions dans notre ancien droit français. Nous verrons l'une d'elles même à peu près reproduite dans un article important du code Napoléon.

Les seconds mariages sont, par eux-mêmes, peu dignes de faveur : le serment par lequel deux époux se jurent amour et fidélité, engage chacun d'eux pour la vie. *Tantùm virgines nubunt*, dit Tacite en parlant des femmes germaines, *et cum spe votoque uxoris* SEMEL *transigitur*, UNUM *accipiunt* MARITUM, *nec tanquam maritum sed* TANQUAM MATRIMONIUM AMANT (Tacite, *Germania*, c. 10). Le veuvage est un devoir surtout pour le conjoint auquel il reste des enfants de l'union dissoute : c'est pour ces enfants qu'il doit conserver tous les trésors de sa fortune et de son affection.

Tant que Rome n'eut pour lumière et pour guide que la morale païenne, elle ne connut point le caractère sacré du lien conjugal, et les seconds mariages ne furent pas moins favorisés que les premiers. Les lois JULIA et PAPIA POPPÆA trouvèrent dans les unes comme dans les autres un moyen également sûr de propager les citoyens et de renouveler la population légi-

time moissonnée par les guerres. Quant à l'intérêt des enfants
du premier lit, il fut complétement négligé : aucune restriction particulière ne fut imposée en leur faveur aux dispositions à titre gratuit entre époux. Ce fut même en vue des seconds mariages, et pour les encourager par l'attrait de l'intérêt
pécuniaire, que l'on fit de la conservation de la dot une chose
d'utilité publique : *Reipublicæ interest mulieres dotes salvas
habere, propter quas nubere possunt.* — Les empereurs chrétiens
devaient voir dans le mariage autre chose qu'un instrument
politique : ils établirent contre les seconds mariages des
peines pécuniaires. En ce qui concerne les dispositions entre
époux, ils se proposèrent un double but : 1° de conserver aux
enfants du premier lit les biens donnés à leur auteur remarié
par l'époux prédécédé, d'empêcher que les libéralités de ce
dernier ne servissent à doter l'héritier de sa couche; 2° de limiter, en faveur des enfants du premier lit, les dispositions
que l'époux binube pourrait faire de ses propres biens au
profit de son nouvel époux.

En 382, les empereurs Gratien, Valentinien II et Théodose,
après avoir, l'année précédente, étendu de dix mois à un an
le délai pendant lequel la femme ne pouvait, sans infamie,
contracter un nouveau mariage (l. 2, C., *de sec. nupt.*), édic-
tèrent la constitution *Fœminæ quæ*, qui imposait à la veuve remariée, même après l'année de deuil, l'obligation de transmettre intégralement à ses enfants du premier lit, ou du moins
à l'un d'eux qu'elle choisirait, les biens reçus par elle de son
premier mari, *sponsalium jure, quidquid etiam nuptiarum so-
lemnitate, aut mortis causâ donationibus, aut testamento......*

vel cujuslibet munificæ liberalitatis præmio. La veuve ne put
en aliéner aucune partie : ses propres biens en répondaient ;
elle ne conserva que l'usufruit de toutes ces libéralités. La même
constitution lui défendait également de disposer en aucune
manière des biens qu'elle aurait recueillis dans la succession
de l'un des enfants de son premier mariage, décédé depuis le
convol : elle devait en laisser la propriété aux autres enfants
(l. 3, C., *de sec. nupt.*).

Une constitution des empereurs Théodose II et Honorius
donna réciproquement aux enfants du second lit un droit exclusif sur les biens que leur mère aurait reçus de leur père.

La pénalité prononcée, en cas de secondes noces, contre la
femme, par la constitution *Feminæ quæ*, fut appliquée aux
hommes par la constitution *Generaliter*, 8, C., *eod.*), qui, de
plus, dispensait les enfants du premier lit de la nécessité
d'être héritiers de leur auteur prédécédé, pour avoir droit aux
biens que tenait de lui le survivant remarié. La novelle XXII,
ch. 28, § 1, n'exige pas même qu'ils soient héritiers de ce dernier.

Justinien, par ses novelles II, ch. 1, et XXII, ch. 28, en-
leva à l'époux remarié le pouvoir de distribuer, à son gré, les
gains par lui retirés de son premier mariage, entre les enfants auxquels il devait les réserver.

Le chapitre 2 de la novelle II déclare que les aliénations
des biens réservés, *faites avant le convol*, sont annulées ou du
moins mises en suspens par ce convol, et qu'elles seront dé-
finitivement révoquées si le survivant laisse à sa mort des enfants du premier lit.

L'obligation de transmettre aux enfants les gains nuptiaux, d'abord limitée au cas où le mariage avait été dissous par la mort, fut étendue par Justinien au cas de dissolution par le divorce, intervenu même *bona gratia* (novelle XXII, ch. 30).

Il y a une foule de constitutions et de novelles relatives aux droits respectifs des veufs et veuves, remariés ou non, et de leurs enfants par rapport aux gains nuptiaux. Ce sont autant de modifications successives apportées aux dispositions ci-dessus, et qui ne servent qu'à attester l'inconstance du législateur. Arrivons à une constitution de la plus haute importance, qui fixa la quotité disponible en faveur du nouvel époux, dans le cas de convol d'une personne ayant des enfants de son premier lit.

La constitution *Feminæ quæ* avait réduit à l'usufruit le droit du conjoint remarié sur les biens qu'il avait reçus de son premier époux, et par là elle avait assuré aux enfants du premier lit la propriété de ces biens : il fallait de plus leur réserver une portion des biens personnels de leur auteur binube.

Dès l'an 380, deux ans avant la constitution *Feminæ quæ*, une autre constitution des empereurs Théodose I et Valentinien II avait limité au tiers de sa fortune la quotité que la veuve *infamis* (pour avoir convolé avant l'expiration du délai de deuil) pourrait laisser à son nouveau mari par testament ou par donation à cause de mort : c'était même tout ce qu'elle pourrait se constituer en dot (l. 1, C., *de sec. nupt.*). — En 469, la loi *Hac edictali*, 6, C., *de sec. nupt.*, défendit à toute femme et même à tout homme qui, ayant des enfants d'un précédent lit, contracterait un autre mariage, de donner à son nouveau conjoint, de quelque façon que ce fût, par constitution de dot ou par donation à cause de noces, entre-vifs ou à cause de mort, une quantité de biens plus considérable que la portion recueillie par chaque enfant, et même que la portion de celui qui aurait le moins si les biens se trouvaient, par suite d'avantages, inégalement répartis entre les enfants. En cas d'excès, la libéralité serait réduite au profit exclusif des enfants du premier lit (*pr.*).

La constitution *Quoniam* 0 (*pr.*, *h. t.*), qui avait étendu le bénéfice de cette réduction aux enfants du second lit, fut abrogée par la novelle XXII, ch. 27 : d'après cette dernière, ceux-là seulement à cause desquels on a restreint la faculté de disposer, doivent profiter de la réduction des dispositions excessives. Telle est la raison comprise dans ces termes de la constitution : *Sed ex priori matrimonio filiis*, PROPTER QUOS ET OBSERVATUM EST, *detur solis.*

DEUXIÈME PARTIE.

ANCIEN DROIT FRANÇAIS.

Nous devons rechercher, dans un premier chapitre, ce que furent sur le sol gaulois les donations entre époux dès les temps les plus reculés. Nous exposerons ensuite les principes de l'ancienne législation française, des pays de droit écrit et des pays de coutumes, sur cette matière : ce sera l'objet d'un second chapitre. Nous en consacrerons un troisième au don mutuel entre époux, qui tient une si large place dans le droit coutumier. Enfin, dans un quatrième, nous parlerons de l'influence des secondes noces et de l'édit de 1560.

CHAPITRE I.

DROIT CELTIQUE, GALLO-ROMAIN, GERMANIQUE.

ÉPOQUE CELTIQUE. — « Le mari, disent les Commentaires de
» César (de Bello gall., VI, 19), prend sur ses propres biens,
» après estimation, une valeur égale à la dot qu'il a reçue de sa
» femme, pour la réunir à cette dot. Un état des valeurs réu-
» nies est dressé conjointement, et les produits en sont mis en
» réserve ; et c'est au survivant des époux que revient le tout,
» y compris les revenus ainsi conservés. »

Quelques jurisconsultes ont cru voir dans cette institution gallique l'origine du régime matrimonial de la communauté. Heineccius comprenait mal le texte de César lorsqu'il disait, dans ses *Éléments du droit germanique* : *Quidquid indè quœsitum fuerat, œquâ lance inter superstitem et defuncti heredes dividebatur.* D'après les Commentaires mêmes, les objets mis en commun et leurs produits ne sont point ainsi partagés par moitié, mais attribués en totalité au survivant : *uter eorum vitâ superârit, ad eum pars utriusque cum fructibus superiorum temporum pervenit.* De plus, le mari n'a pas sur ces biens les pouvoirs d'un chef de communauté : il ne peut aliéner le capital, ni même disposer librement des fruits. Ce que présente la coutume rapportée par César, c'est uniquement l'apport d'une dot par la femme et d'une donation équivalente par le mari, avec attribution au conjoint survivant de toute la masse ainsi formée et des produits accessoires ; c'est une donation égale et mutuelle sous condition, c'est un s... le gain de survie.

Du reste, ce gain de survie, résultant d'une sorte d'association de biens entre les époux, et destiné à assurer le sort de la femme survivante aussi bien que du mari, est une institution fort remarquable, et montre que chez ces peuples barbares, où la puissance maritale était presque absolue, la condition des femmes n'était pas entièrement sacrifiée.

C'est au moyen de cette institution, et par des inductions tirées de législations plus explicites, que M. Laferrière est parvenu à retrouver les principes du droit celtique par rapport aux donations entre époux. Du double caractère d'égalité et de réciprocité qu'offre l'apport du mari à cause de la dot, il conclut que les époux ne peuvent se faire d'autres avantages, et que toute donation, non-seulement entre-vifs, mais aussi testamentaire ou à cause de mort, leur est interdite. C'est ainsi que le don mutuel, dans le droit coutumier, exclura toute autre espèce de libéralité entre époux. A quoi bon fixer d'avance la quotité qui appartiendrait à l'époux survivant dans la succession du prédécédé; à quoi bon déterminer, au profit du survivant, un avantage empreint du caractère d'égalité absolue, si les époux avaient la faculté de disposer l'un au profit de l'autre, soit entre-vifs, soit par testament, s'ils pouvaient se faire des libéralités inégales? — Et M. Laferrière explique la coutume gallique par un principe qui a dicté effectivement la prohibition coutumière des libéralités entre époux sauf le don mutuel, qu'on retrouve aussi dans d'autres institutions celtiques, dans l'hérédité, le retour des propres, le retrait lignager : c'est le principe de l'*affectation du patrimoine à la famille.* D'après cela, le gain de survie, don mutuel et égal, aurait pour but tout à la fois d'assurer le sort de l'époux survivant après la dissolution du mariage, et de garantir les familles respectives contre les donations exagérées; de tenir même égale entre elles, suivant l'expression de M. Laferrière, la balance de l'éventualité.

ÉPOQUE GALLO-ROMAINE. — La Gaule, conquise par les Romains, fut soumise aux lois des vainqueurs. Déjà l'élément romain dominait dans le *jus provinciale,* dans les édits rédigés par les présidents ou recteurs de provinces, avant que la constitution d'Antonin Caracalla, en 212, conférât le droit de cité à tous les habitants des provinces. La Gaule suivit les progrès de la législation romaine jusqu'à l'invasion des barbares. Les donations entre époux, d'abord entièrement prohibées, furent ensuite et restèrent telles que les avait faites le sénatus-consulte de Caracalla. Quant à l'ancienne institution gallique, les jurisconsultes de Rome n'admettaient pas l'usage de capitaliser les fruits de la dot, de façon à lui retirer toute son utilité (l. 4, D., *de pact. dotal.*); mais, sauf cette modification, rien n'empêcha le fond de la coutume de subsister, savoir la donation égale à la dot et l'attribution du tout à l'époux survivant. Une novelle de Valentinien III, en 446, permit aux époux de s'instituer réciproquement héritiers par un seul et même testament, *una charta*. Le testament mutuel, révocable comme tout autre, était indivisible, et la révocation faite par l'une des parties l'annulait en entier. La novelle de Valentinien, qui ne passa point dans le code de Justinien, ne cessa pas d'être suivie dans le midi de la Gaule, et étendit même son influence jusque dans la partie septentrionale, où elle a pu produire, suivant les conjectures de Bignon, le don mutuel de biens à venir, qui fut, dans le droit coutumier de la France, la solution du grave problème des donations entre époux.

ÉPOQUE GERMANIQUE. — Le droit primitif de la Gaule avait assez d'analogie avec le droit civil de Rome : l'invasion barbare apporta des usages tout nouveaux et parfois, sous des noms romains, des institutions véritablement germaniques. La *dot* n'est pas ici l'apport fait par la femme au mari pour supporter les charges du mariage ; c'est le mari qui dote sa femme. *Dotem non uxor marito*, dit Tacite, *sed uxori maritus offert. Intersunt parentes, ac propinqui, et munera probant. Munera non ad delicias quæsita, nec quibus nova nupta comatur ; sed boves ac frænatum equum, cum framœa gladioque.*

Mais la dot ne consiste plus, comme au temps de Tacite, en des emblèmes guerriers destinés à représenter aux yeux de la jeune fille les travaux et les périls auxquels la femme va être associée. Elle est maintenant grossie du prix du *mundium*, primitivement payé par le mari aux parents de la femme et non à la femme elle-même. La femme germaine était toute sa vie soumise à une puissance appelée *mundium* (ou *mundiburdium*, *mainbournie* dans les coutumes), plus tutélaire que despotique, et qui appartenait au père, et, à défaut de celui-ci, au frère ou au plus proche parent mâle. Le mari acquérait le *mundium* sur sa femme, mais à la condition de le payer au *mundwald* ou *mundoaldus*. Le prix du *mundium*, qui porta des noms divers tant qu'il fut dû aux parents de la femme, *dos* ou *arrhœ* chez les Wisigoths, *pretium nuptiale* ou *wittemon* chez les Burgondes, *meta* ou *sponsalitium* chez les Lombards, prit plus particulièrement le nom de *dos* en se confondant avec la dot lorsqu'il fut attribué à la femme même, d'abord en partie, puis en totalité.

La dot fut rendue obligatoire par quelques-unes des lois barbares, qui eurent soin d'en fixer le taux à défaut de convention. La loi des Ripuaires le fixa à 50 *solidi* sur les biens du mari et au tiers de ses conquêts, celle des Alémanni à 40 *solidi*, celle des Bavarois à un taux inconnu aujourd'hui, la loi saxonne à 300 *solidi;* la loi lombarde de Luitprand établit un maximum de 300 *solidi,* excepté pour les juges, qui pouvaient porter la dot jusqu'à 400.

Telle était la dot germanique, qui n'avait rien de commun avec la dot romaine ou celtique. L'apport fait par la femme au mari prenait d'autres noms : les Lombards l'appellent *faderfium,* les Saxons *fœderinfeoh*, les lois des Alemans et des Bavarois la désignent par une circonlocution, les auteurs du moyen âge disent *maritagium.*

A côté de la dot, les lois barbares nous présentent une autre libéralité que le mari faisait à sa femme le matin qui suivait la première nuit du mariage, et pour cette raison appelée *morgengabe,* don du matin. Cette coutume grossière de payer à la femme le prix de sa virginité, *tanquam pretium delibatæ pudicitiæ,* se rencontre chez tous les peuples barbares. Les Grecs du Bas-Empire eurent quelque chose de semblable dans le θεώρετρον, *prœmium pulchritudinis;* et un vers de Juvénal (*Sat.* 6, 190) permet de supposer que cet usage ne fut pas étranger aux Romains. — Le morgengabe, ne pouvant exister pour la veuve remariée, était remplacé quant à elle par une autre donation plaisamment appelée don du soir, *abendgabe.*

Le morgengabe jouissait dans le droit germanique d'une faveur singulière. La loi anglo-saxonne ne fixe pour ce don aucun maximum. La loi des *Alemanni,* au lieu de faire décider par le duel ou combat judiciaire la contestation relative à la quotité donnée, veut que la femme en soit crue sur son affirmation, *per pectus suum.* Mais on ne tarda pas à comprendre le danger de trop de liberté, on limita le taux de ce don à la

moitié des biens du mari; la loi lombarde de Luitprand défendit qu'il excédât le quart.

La dot et le morgengabe, en se confondant et en se transformant, produisirent la grande institution coutumière du
douaire, qui n'apparaît sous ce nom qu'aux VIIIe et IXe siècles. Ces dons, constitués en pleine propriété tant qu'ils ne
portèrent que sur des troupeaux, de l'argent, des choses mobilières, durent être réduits à l'usufruit, sous l'influence des
idées féodales, lorsqu'ils eurent pour objet des biens immobi-
liers; et, comme le *mundium*, sans faire perdre à la femme
germaine aucun de ses droits, en donnait cependant au mari
l'exercice temporaire, et confondait en fait dans la maison
commune les revenus des deux époux, il fut naturel de ne
faire commencer la jouissance de la femme qu'après la dissolution du mariage, et de subordonner à la condition de survie
l'ouverture de son droit. Tel est le travail qui dut s'accomplir dans les ténèbres du moyen âge.

M. Kœnigswarter, dans un remarquable mémoire sur le
Développement de la société humaine (Revue de législation,
1849, tom. 34, p. 170), a résumé en termes vifs l'histoire de ces
institutions. Chez les peuples naissants, dit-il, l'homme ravit
sa compagne; plus civilisé, il paya aux parents le prix de la
puissance qu'il leur enlevait; l'amour inventa le morgengabe;
enfin la reconnaissance de l'époux et la prévoyance du père
trouvèrent une heureuse combinaison du prix d'achat et du
don du matin, laquelle, favorisée par les conciles et les capi-
tulaires, devint le douaire, d'abord conventionnel, puis légal
ou coutumier.

Un autre don fait par le mari à la femme, sans doute après le baiser des fiançailles, l'*osculum*, fut aussi transformé et absorbé dans le douaire.

L'usage du morgengabe subsistait encore au xv° siècle dans la Suisse, jadis occupée par les *Alemanni*, et qui a conservé plus longtemps que tout autre pays les traditions germaniques. M. Laboulaye prétend même qu'on le retrouve encore en Allemagne chez les nobles et les paysans, plus attachés que la bourgeoisie aux coutumes traditionnelles.

Telles étaient les libéralités qui accompagnaient le mariage. Quant à ce qui était permis ou défendu entre les époux après sa formation et pendant sa durée, c'est un point fort obscur et sur lequel la plupart des lois barbares sont complétement muettes. Toutefois la loi ripuaire (tit. 48) autorise d'une façon évidente les donations entre mari et femme; la loi wisigothe, interdisant entre époux toutes libéralités pendant la première année du mariage, restreint à la durée d'un an cette prohibition. La loi de Luitprand (ch. 102) défendait au mari de rien donner à sa femme, sauf la dot et le morgengabe. La loi salique était moins explicite; voici les inductions que M. Pardessus (*Textes de la loi salique*, p. 678-679) tire de divers documents et de formules qui appartiennent à peu près à la même époque : 1° les époux, chez les Saliens, pouvaient se faire des donations irrévocables, ainsi que cela résulte du titre 8 des *Capita extravagantia*, du titre 48 de la loi ripuaire, et de la formule 12 du livre I° de Marculfe; — 2° ces donations n'étaient permises qu'autant que les époux n'avaient pas d'enfants; — 3° la réciprocité se rencontrait le plus souvent en fait, mais n'était pas nécessaire; — 4° la donation pouvait porter indifféremment sur les propres comme sur les acquêts; — 5° le droit du donataire sur la chose reçue était un droit *sui generis*, moins étendu que la propriété puisqu'il ne passait pas à ses héritiers, plus important que l'usufruit puisque le donataire pouvait consommer les objets pour vivre ou bien en faire des dons pieux.

Les *secondes noces* répugnaient profondément aux mœurs germaines. La loi salique, par une sorte de reflet de la constitution *Feminæ quæ*, en cas de convol de la veuve, attribuait exclusivement aux enfants issus de son premier mariage les biens qu'elle tenait de la libéralité de son mari prédécédé. Cela ne s'appliquait pas à la dot, qui représentait le prix du *mundium* acheté par le mari. Le morgengabe était perdu pour la femme répudiée légitimement : M. Pardessus pense que le convol avait, à cet égard, le même effet que la répudiation; tel lui paraît être l'esprit de la loi. La loi des Bavarois décidait même en termes formels que le morgengabe était révoqué par le mariage subséquent : mais celle des Burgondes dispose le contraire.

Une autre conséquence de la défaveur des seconds mariages est relative au *reipus* et à l'*achasius*. — On appelait *reipus* le prix du *mundium* payé par le nouveau mari au *mundwald*, au plus proche parent mâle du mari, qui avait hérité de sa puissance sur sa femme. Le *reipus* était de *trois solidi et d'un denarius*, tandis que pour une vierge le *pretium nuptiale* était d'un seul *solidus* et d'un *denarius*. La veuve remariée devait,

5

en outre, payer aux parents de son premier mari, comme en
réparation de l'injure faite à sa mémoire, une valeur proportionnelle à l'importance de la dot qu'elle avait reçue de lui,
rordinairement un dixième : c'était l'*achasius*.

CHAPITRE II.

DES DONATIONS ENTRE ÉPOUX DANS LES PAYS DE DROIT ÉCRIT ET DANS LES PROVINCES COUTUMIÈRES.

SECTION I.

Pays de droit écrit.

Les lois barbares, apportées en Gaule par l'invasion, n'a-
vaient ni proscrit ni étouffé le droit romain. Ces lois, toutes
personnelles, s'appliquèrent uniquement aux Germains : aux
Francs les lois salique et ripuaire; aux Bourguignons la loi
bourguignonne, etc. ; les Romains ne cessèrent pas d'être ré-
gis par la loi romaine. Dès les premiers temps de la conquête,
les rois mérovingiens avaient décrété que les anciens habitants
du pays et le clergé continueraient do suivre les lois romaines
et d'être jugés par elles. Bien plus, dans le midi et dans l'est
de la Gaule, les rois barbares donnèrent aux vaincus des com-
pilations de droit romain, composées de fragments des jurisconsultes de l'époque classique et du code Théodosien : tels
furent le *Bréviaire d'Alaric* chez les Visigoths, et le *Papien*
chez les Burgondes.

A partir du ıx⁰ siècle, il s'accomplit dans la loi un changement profond. Ce fut sous les successeurs de Charlemagne,

lors du démembrement du pays et du pouvoir par les usurpations de la féodalité. Quand les seigneurs se furent partagé la souveraineté royale, quand, de gré ou de force, les habitants se furent groupés, çà et là, sur le sol de la France, autour des châteaux des ducs et des comtes, quand tout fut devenu local (1), la loi subit cette révolution générale : elle changea de caractère, et, de personnelle qu'elle était, elle devint territoriale. Dans chaque circonscription, dans chaque domaine, on ne distinguait plus le Franc, le Wisigoth, le Bourguignon; on ne voyait en chacun que l'habitant, que l'homme de la terre qui appartenait au seigneur et à sa famille; et l'on n'appliquait d'autre loi que celle du seigneur, les usages locaux préexistants.

Ce fut cette transformation du caractère de la loi, ce changement de la personnalité en réalité, qui fit naître la distinction entre les pays de coutumes et les pays de droit écrit. On conçoit que, dans les provinces où la race germanique avait prédominé et où les lois barbares, quoique simplement personnelles, avaient pénétré plus profondément les idées et les mœurs, les *coutumes* durent reproduire surtout les principes germaniques; tandis que, dans les contrées où l'élément principal de la population était gallo-romain, où la législation romaine avait toujours été appliquée aux indigènes, dans la partie méridionale de la France en un mot, la coutume ne dut guère être autre chose que le droit romain lui-même. Du reste, cette division de la France en deux zones régies par deux législations distinctes ne s'accomplit pas tout d'un

(1) *Hist. de la civilisation en France*, par M. Guizot.

coup; elle ne fut entièrement consommée qu'au xiii⁰ siècle.

Le *Breviarium Alaricianum* et le *Papianum*, rédigés au vi⁰ siècle, s'arrêtaient à peu près au Code et aux Novelles de Théodose. La renaissance du droit romain vint y ajouter la législation justinienne. On connaissait à peine en France quelques-unes des constitutions de Justinien, quand la découverte d'un manuscrit des Pandectes vint donner à l'enseignement du droit un essor considérable en Italie, et bientôt aussi dans la France méridionale. En ce qui concerne les donations entre époux, les pays de droit écrit conservèrent la prohibition générale tempérée par le sénatus-consulte de Caracalla, et, en cas de secondes noces, ils adoptèrent le droit établi par Justinien dans ses Novelles.

Ces principes furent suivis pendant toute la durée de l'ancienne législation par les parlements des provinces de droit écrit, sous l'empire même de l'ordonnance de 1731, dont l'article 3 était ainsi conçu : « Il n'y a plus dans nos états que » deux formes de disposer de ses biens à titre gratuit, dont » l'une sera celle des donations entre-vifs, l'autre celle des tes- » taments et des codicilles. » C'est que l'art. 46 de la même ordonnance déclarait formellement qu'elle n'avait pas entendu prohiber les donations entre époux qui, au surplus, pour être révocables, n'en étaient pas moins, nous croyons l'avoir établi en droit romain, de véritables donations entre-vifs.

Outre les dons provenant de la libéralité spontanée de l'un des conjoints envers l'autre, les pays de droit écrit admirent des gains légaux de survie pour les époux. — La femme survivante put réclamer, avec sa dot et sous le nom d'*augment de dot*, sur la succession de son mari, une valeur qui variait selon la nature et l'importance de cette dot, et dont elle avait l'usufruit ou même la pleine propriété, suivant qu'il restait ou non des enfants du mariage. — Un *contre-augment* fut donné, par réciprocité, au mari survivant, sur la dot de sa femme.

Lorsque, à défaut de dot, il ne pouvait y avoir ni augment ni contre-augment, on appliquait la novelle LIII, ch. 6, de Justinien, d'après laquelle le conjoint pauvre avait droit au quart de la fortune du prédécédé.

SECTION II.

Pays de coutumes.

Les lois coutumières, essentiellement composées de traditions et d'usages locaux, subissant les influences les plus diverses de l'origine, des mœurs et des habitudes des populations, présentèrent nécessairement une grande variété. En ce qui concerne les donations entre époux, les divergences furent extrêmes. Toutefois, en général, les dispositions à titre gratuit entre époux furent prohibées, en vertu du principe évidemment féodal et coutumier de l'*affectation des biens aux familles;* et les différences ne portèrent que sur l'étendue et les conditions de la prohibition. Certaines coutumes distinguaient entre les donations entre-vifs et les donations testamentaires, d'autres entre les biens meubles ou conquêts et les propres, quelques-unes s'il y avait ou non des enfants.

Les donations entre époux avaient, au surplus, peu de raison d'être dans des contrées où la fortune des conjoints était

en partie confondue dans une communauté de biens. Le droit
de chacun à l'égalité du partage assurait au plus pauvre une
portion des biens du plus riche : aussi la novelle LIII était-elle
sans application. Les pays de coutumes ne connaissaient ni
l'augment de dot ni le contre-augment. Seulement, la femme,
exposée aux dangers du pouvoir exorbitant du mari à l'égard
des biens communs, exclue d'ailleurs plus ou moins complétement de l'hérédité paternelle par la loi des successions, trouvait une sorte de garantie et de compensation dans le douaire,
que nous avons vu naître de la transformation de la dot germanique et du morgengabe. Le douaire, légal ou coutumier,
qui pouvait aussi être préfix ou conventionnel, stipulé par le
contrat de mariage, ne pouvait jamais consister qu'en usufruit : autrement, il eût été considéré comme une véritable
donation.

Les limites nécessaires de ce travail ne nous permettront que
d'exposer à grands traits, dans un premier paragraphe, la variété de nos coutumes par rapport aux donations entre époux,
sauf à développer, dans un second, la prohibition absolue admise par le plus grand nombre des coutumes, et notamment
par la coutume de Paris.

§ 1. — Exposé général des variétés coutumières par rapport aux donations entre époux

Dès l'origine du droit coutumier, on trouve les plus grandes
divergences relativement aux donations entre époux. Tandis
que Pierre Desfontaines (*Conseil à un Amy*, ch. 33) et Beauma-

noir (Coutumier de Beauvoisy, ch. XII, 4) admettent ces donations, les *Établissements* de saint Louis (I, ch. 112, 114) ne
permettent les avantages entre époux que par testament, et seulement lorsqu'il n'y a pas d'enfants mâles, et les *Assises de Jéru-
salem* présentent des dispositions semblables. Mais, depuis longtemps déjà, un *don mutuel* est généralement admis entre conjoints.

Prises à l'époque de leur entier développement, les coutumes
nous offrent la même diversité. Pothier range en quatre classes
les coutumes, selon la manière dont elles ont réglé les donations entre mari et femme.

La PREMIÈRE CLASSE comprend la plus grande partie des
coutumes, celles qui, comme Paris et Orléans, défendent entre
époux toute espèce de disposition à titre gratuit, directe ou
indirecte, entre-vifs ou testamentaire, excepté seulement un
don mutuel de certains biens et en certains cas.

La SECONDE CLASSE se compose des coutumes qui prohibent
les donations entre-vifs, sauf le don mutuel, mais qui admettent les donations testamentaires.

Au reste, ces coutumes se divisent, tant sur les cas où elles
permettent les dispositions testamentaires entre époux que sur
les biens qui peuvent en être l'objet. — Certaines coutumes,
telles que Chartres, Châteauneuf, Péronne, etc., permettent
les libéralités par testament, soit qu'il y ait des enfants, soit
qu'il n'en existe pas ; la coutume de Mantes exige, au contraire, le défaut d'enfants. — Les coutumes de Péronne, Pon-
thieu, Châteauneuf, Dreux, Chartres, permettent aux époux
de se donner par testament tout ce qu'ils pourraient donner à
un étranger : la coutume de Reims ne leur permet de se léguer

l'un à l'autre en propriété que leurs *meubles et conquêts ;* quant à leurs *naissant et acquêts faits avant le mariage,* ils ne peuvent s'en donner que la moitié, et seulement en usufruit.

A la TROISIÈME CLASSE appartiennent les coutumes de certaines provinces voisines des pays de droit écrit, et qui ont subi l'influence du droit romain, du moins à l'égard des donations entre époux. Ces coutumes, telles que celles de Touraine, pour le cas où les conjoints n'ont pas d'enfants, et celle de Poitou dans tous les cas, admettent d'une part les donations testamentaires, et de l'autre les donations entre-vifs, en ce sens qu'elles ne peuvent être révoquées que par le donateur, et qu'elles sont confirmées par son prédécès. Ces dernières donations, quoi qu'en dise Pothier, et quoi qu'ait jugé le parlement de Paris, avaient survécu aux donations à cause de mort supprimées par l'art. 3 de l'ordonnance de 1731.

La QUATRIÈME CLASSE renferme quelques coutumes plus imbues des principes germaniques, et qui, comme les lois barbares, admettent entre époux des donations même irrévocables, du moins dans certains cas, et sauf certaines conditions relatives surtout aux propres, dont on veut toujours conserver au moins la nue propriété à la famille. La coutume d'Angoumois permet aux époux, s'ils n'ont pas d'enfants, de se faire l'un à l'autre donation entre-vifs, simple ou mutuelle, de l'usufruit de leurs meubles-acquêts et du tiers de leurs propres. — Celle de Montfort leur permet également, lorsqu'ils n'ont pas d'enfants, de se donner entre-vifs l'usufruit de leurs meubles et conquêts et du quart de leurs propres. — Celle de Noyon admet les donations entre-vifs dans tous les cas : seule-

ment, lorsqu'il y a des enfants, elle ne permet aux époux de
se donner que la propriété de leurs meubles et acquêts, sauf la
légitime des enfants, tandis que, à défaut d'enfants, elle leur
permet de se donner, en outre, l'usufruit de la moitié de
leurs propres. — La coutume d'Auvergne fait une distinction
remarquable : elle permet au mari de donner par acte entre-
vifs à sa femme tous ses biens, sauf la légitime des enfants,
tandis qu'elle défend à la femme de rien donner à son mari.
— La *coutume normande* (art. 429) permet au mari de donner
à sa femme, par testament, et aussi, suivant Basnage, par acte
entre-vifs, une portion de son mobilier équivalente à la moitié
de ses immeubles, à défaut d'enfants, et seulement au tiers en
cas d'enfants. D'après cela, le mari ne peut faire aucune disposition en faveur de sa femme s'il ne possède des immeubles.
Sauf l'exception qui résulte de l'art. 429, la coutume de Normandie prohibe toute espèce de libéralités, et même de dons
mutuels entre conjoints par mariage.

Il faut observer que toutes ces lois, qui réglaient si diversement les donations entre époux, étaient des statuts réels.
Toutes, plus ou moins, tendaient à conserver les biens dans les
familles, et elles avaient moins pour objet les personnes que
les choses. Les époux conservaient leur capacité pour tous les
actes de la vie civile en général : seulement ils ne pouvaient
disposer de leur patrimoine l'un au profit de l'autre. Il y a plus :
c'est que, dans un grand nombre de coutumes, l'indisponibilité n'affectait qu'une certaine partie de la fortune des
époux. — Il suit de là que la coutume que les conjoints devaient suivre était celle de la situation des immeubles qu'ils

voulaient se donner; peu importait celle du lieu de leur domicile. Mais cette dernière coutume était obligatoire pour les
donations d'objets mobiliers · les rentes constituées, tous les
meubles, corporels ou incorporels, n'ayant pas d'assiette fixe,
suivent la personne de celui à qui ils appartiennent et sont ré-
gis par la loi domiciliaire.

§ 9. — De la prohibition portée par les coutumes en général.

La plupart des coutumes défendaient, en principe, toute espèce de donation entre époux; elles étaient en cela d'accord
avec celle de Paris. Nous bornerons nos développements aux
dispositions de cette importante coutume.

Voici les termes de l'art. 282 : « Homme et femme con-
» joints par mariage, constant icelui ne se peuvent avantager
» l'un l'autre par donations entre-vifs, par testament ou ordon-
» nance de dernière volonté, ne autrement, directement ne
» indirectement, sinon par don mutuel, comme dessus, » c'est-
à-dire conformément aux articles 280 et 281.

Les explications que nous avons données sur l'étendue et
les effets de la prohibition des donations en droit romain nous
épargneront ici bien des détails.

Les *personnes atteintes par la prohibition* sont *tous conjoints par mariage*, quel que soit le régime matrimonial
qu'ils aient adopté. Ce sont même toutes personnes « qui
se portent pour mari et femme », encore bien que leur
mariage soit annulable, tant que la nullité n'en a pas
été prononcée. — Ce sont enfin les personnes entre lesquel-

les existe un commerce incestueux ou adultérin, ou seule-ment, à la différence du droit romain, un *simple concubinage*. Cette extension de l'art. 282 est fondée sur l'un des motifs de la prohibition, qui est une présomption de suggestion et de captation, et surtout sur des considérations morales. Plusieurs coutumes étaient positives à cet égard; et celles même qui, comme Tours, admettaient, en général, les donations entre époux, les défendaient spécialement entre concubins. En 1629, une ordonnance de Louis XIII vint sanctionner la maxime *Don de concubin à concubine ne vaut*, en défendant absolument les donations entre ces personnes. — Toutefois, quel que fût le genre de commerce, concubinage, inceste ou adultère, le droit coutumier permit toujours les donations d'aliments.

L'organisation romaine de la famille n'a point passé dans les coutumes. Ici le lien de la famille n'est point la puissance, c'est le sang, la nature; chacun de ses membres possède au moins sa personnalité, son individualité propre. La prohibition qui frappe l'un d'eux n'atteint pas les autres.

Quant aux libéralités comprises dans la règle prohibitive, ce sont toutes les libéralités en général. Pothier s'occupe successivement des avantages directs et des avantages indirects (*Traité des donations entre mari et femme*, nᵒˢ 29 et suiv.).

A. — *Avantages directs.* — Sont défendues entre époux les donations simples ou réciproques, sauf le don mutuel que nous avons déjà annoncé; immobilières ou mobilières, sauf les présents d'une valeur modique; qu'elles aient pour objet la propriété ou seulement la possession; de même la remise gratuite d'une dette, l'abandon d'une servitude, la restitution anticipée de la dot ; mais non le payement par avance d'une dette à terme, la remise d'un gage ou d'une hypothèque.

Au surplus, la coutume est beaucoup plus rigoureuse que le droit romain : non-seulement elle interdit les donations testamentaires ou à cause de mort, qui feraient sortir aussi bien que la donation entre-vifs les biens des familles ; mais, même en ce qui concerne ces dernières, nos anciens auteurs n'adoptent pas sur tous les points l'interprétation toute de faveur des juriconsultes romains. Ainsi Pothier n'admet pas que la donation faite par la femme à son mari pour supporter les charges d'une fonction, ou par l'un d'eux à l'autre pour reconstruire un édifice incendié, ne procure au donataire aucun enrichissement. *Locupletior factus est quatenùs propriæ pecuniæ pepercit.*

L'époux donateur, pour valider sa libéralité, ferait vainement intervenir à l'acte ses héritiers présomptifs : ce n'est pas dans leur seul intérêt qu'existe la prohibition, et leur consentement serait sans effet : *Quia videtur,* dit Dumoulin, *consensus extortus, quia alias donaret aliis extraneis ; tùm quia ut non sit amor conjugum venalis.* La seule coutume de Bourgogne avait autrement disposé (chap. 4, art. 7).

Quelle est la sanction de la prohibition ?

Pothier distingue à ce sujet six cas :

1° La donation a pour objet un *immeuble,* et la tradition en a été faite. — Cette tradition, ne reposant pas sur une *justa causa,* n'a pu transférer la propriété (l. 31, D., *de acquir. rer. domin.*). En conséquence, le donateur et ses héritiers peuvent revendiquer l'immeuble contre le donataire, et même contre les tiers-détenteurs, tant qu'ils n'en ont pas prescrit la propriété. Mais l'acquéreur de bonne foi n'est pas responsable de ses dégradations : *quia rem negligere potuit quasi suam*, et il ne doit pas non plus restituer les fruits qu'il a consommés. Le donataire, au contraire, en recevant indûment l'immeuble, a contracté par ce fait l'obligation de le rendre avec tout ce qu'il produirait, et de le conserver intact jusqu'à cette restitution : aussi est-il soumis à une action personnelle, que le donateur et ses ayants cause peuvent toujours exercer contre lui pour se faire indemniser de toutes les pertes qui ont été la suite de la donation.

2° S'il s'agit d'une *donation mobilière*, et qu'elle ait été exécutée par la tradition, le donateur a les mêmes actions. Seulement, le tiers-acquéreur qui prouverait qu'il a acheté les meubles à une vente judiciaire, ou bien dans une foire ou un marché, ne pourrait être évincé que moyennant la restitution du prix d'achat ; dans tous les cas, il en prescrirait la propriété par une possession de trois ans, à la différence des immeubles, qui ne se prescrivent que par dix ou vingt ans avec titre et bonne foi.

Lorsque c'est une somme d'argent que l'un des conjoints a donnée à l'autre, le donateur n'a qu'une action personnelle pour la restitution de cette somme. On ne distingue pas, du reste, comme en droit romain, si le donataire en a ou non profité.

3° La quasi-tradition d'une *chose incorporelle* est aussi impuissante à en transférer la propriété que la tradition d'une chose corporelle. L'époux donateur d'un droit de servitude, après en avoir souffert l'exercice par son conjoint donataire, conserve toujours l'action négatoire. La signification faite au débiteur du transport d'une créance par l'un des époux à l'autre, cette quasi-tradition de la créance, n'ôte pas au donateur ni à ses créanciers le droit d'en interdire le payement tant qu'il n'est pas effectué; et, si le payement a été fait au donataire, le donateur a contre ce dernier une action réelle ou personnelle, suivant que l'objet de la créance cédée est un corps certain ou une somme d'argent.

4° La *remise d'une créance* ou de quelque autre droit ne produit aucun effet : le donateur conserve toutes ses actions.

5° La *simple promesse* faite *donationis causâ* n'est pas obligatoire : elle ne donne aucune action à l'époux stipulant pour en obtenir l'exécution.

6° Le *legs* ne donne également aucun droit au légataire.

B. — *Avantages indirects.* — Les avantages indirects peuvent se faire de trois manières différentes : 1° par un contrat simulé, à titre onéreux en apparence, mais gratuit en réalité; 2° par tout autre acte qui, sans s'annoncer comme donation, a néanmoins pour objet de conférer une libéralité; 3° enfin par interposition de personnes.

1° Pour ôter aux conjoints le premier moyen de faire fraude à la prohibition, les coutumes avaient interdit entre eux tout *contrat* qui n'était pas justifié par une nécessité. Celles de Normandie et de Nivernais contenaient à cet égard des dispositions expresses, et Dumoulin, sur l'art. 256 de l'ancienne coutume de Paris, n° 5, pose la maxime suivante : *Nullum*

contractum etiam reciprocum facere possunt, nisi ex neces-
sitate.

2° Quant aux faits par lesquels les conjoints chercheraient
à se procurer l'un à l'autre certains avantages, ils n'auraient
d'autre résultat que d'obliger à la restitution l'époux qui en
profiterait. Pothier cite comme exemples entre mille l'exagé-
ration ou la diminution mensongère portée dans l'inventaire
du mobilier échu à l'un des époux pendant le mariage et qu'il
doit prélever à la dissolution de la communauté, la suppression des pièces justificatives des droits de reprise qui appartiennent à l'un des conjoints, la fausse énonciation du prix
porté dans l'acte de vente d'un propre de l'un des époux, etc.

D'après le droit coutumier, la prescription ne court pas
entre époux, et le non-usage d'une servitude à l'effet d'en
opérer l'extinction ne peut pas être entre eux un moyen indirect de donation.

Les jurisconsultes romains, par une interprétation plus sub-
tile que logique de la règle prohibitive, décidaient que la répudiation par l'un des conjoints d'une hérédité ou d'un legs
pour en faire profiter l'autre conjoint ne constituait pas une
aliénation, ni par suite une donation. En droit français, l'héritier est immédiatement, *ipso jure*, investi par le décès,
comme le légataire, de la propriété des biens qui lui sont
transmis. L'acte par lequel il y renonce en faveur de son conjoint est nécessairement une donation. — Il pourrait cependant, suivant Pothier, en être autrement en cas de renonciation au legs, si le mobile de l'époux renonçant était moins
l'intention de faire une libéralité à son conjoint que celle de

laisser aux choses leur cours naturel et de rendre à la loi des successions son empire,

3° Les donations faites entre mari et femme *par personnes interposées* sont nulles. Les héritiers du donateur peuvent établir cette interposition par la preuve littérale, ou seulement testimoniale ; à défaut de ces preuves, ils peuvent même déférer le serment au donataire ou légataire apparent, sur le point de savoir si l'avantage par lui reçu ne doit pas être transmis au conjoint du disposant,

La coutume de Bourbonnais, art. 226, établit une présomption légale d'interposition contre toute personne qui a pour héritier présomptif le conjoint du donateur : « Le mari, du- » rant le mariage, ne peut faire aucune association, donation, » ni autre contrat au profit de sa femme, enfants de la dite » femme d'autre lit, ni autres auxquels elle doive succéder » *immediatè; nec è contra* la femme au mari, à ses enfants on » autres esquels le mari doive succéder. » La coutume d'Auvergne, ch. 14, art. 28, contient une disposition semblable.

Cette présomption rigoureuse ne doit point être étendue avec cette généralité aux coutumes qui ne l'ont pas prononcée. Dans ces coutumes, on l'applique aux père et mère du conjoint du disposant, parce que les biens des père et mère doivent, en suivant l'ordre naturel, passer à leurs enfants. On tire aussi argument de l'édit des secondes noces, qui, en défendant à la veuve remariée de donner au delà d'une part d'enfant à son second mari, comprend formellement dans la même défense les libéralités adressées aux père et mère de ce dernier.

La présomption d'interposition n'atteignait même pas, dans le domaine de la coutume de Paris, les père et mère de l'époux du donateur, dans le cas où ce dernier n'avait pas d'enfants. C'est que l'argument d'analogie tiré de l'édit des secondes noces était détruit, pour ce cas, par un autre argument tiré de l'art. 283 de cette coutume. L'art. 283 permettait à tout époux, qui n'avait point d'enfants de son mariage actuel ou d'une précédente union, de donner aux enfants que son conjoint avait eus d'un autre lit. Or, évidemment, une coutume qui ne voyait pas dans le lien qui unit l'enfant à son père ou à sa mère, une cause suffisante pour présumer son interposition dans une donation adressée à lui-même quand elle ne pouvait l'être aux auteurs de ses jours, une telle coutume, disons-nous, n'avait pas pu fonder une semblable présomption sur le lien qui unit les père et mère à leur enfant.

Mais la coutume de Paris est la seule qui n'empêche pas l'époux sans enfants de donner aux enfants que son conjoint a eus d'un précédent mariage. *Dans toutes les autres, les enfants étaient réputés personnes interposées,* et ils ne pouvaient recevoir du conjoint de leur père ou de leur mère aucune donation simple, ni même mutuelle ou rémunératoire. Bien entendu, cette présomption cessait avec sa cause : elle n'existait point après le décès de la personne au profit de laquelle la donation eût été présumée faite en réalité.

CHAPITRE III.

Du DON MUTUEL.

Le don mutuel peut être considéré comme la solution donnée par le droit coutumier à l'important problème des donations entre mari et femme. Le plus grand nombre des coutumes prohibe les donations entre époux d'une manière
générale : presque toutes admettent par exception un don
mutuel, dont elles déterminent, au surplus, de différentes
façons les règles et les conditions. Ces divergences particulières et les distinctions d'où elles résultent, en donnant la
mesure de l'importance que chaque coutume attache, soit à
la nature et à l'origine des biens, soit à leur conservation
dans les familles, font admirablement comprendre l'esprit du
droit coutumier par rapport à la matière qui nous occupe.

Les principales variétés que présentent les coutumes relativement au don mutuel ne portent en réalité que sur quatre
points bien distincts, savoir : 1° le fait même de l'admission du
don mutuel, 2° l'objet, 3° les conditions, 4° l'investiture de ce
don.

Première variété. — La plupart des coutumes, celles de
Paris et d'Orléans entre autres, ne permettent le don mutuel
que dans le cas où le mari et la femme sont l'un et l'autre
sans enfants lors de la mort du prédécédé. D'autres, comme
Reims, Péronne, le permettent dans tous les cas, soit qu'il y
ait des enfants, soit qu'il n'y en ait pas. Il en est enfin qui ne

le permettent jamais : telles sont les coutumes de Chartres, de Normandie, d'Auvergne, et celle de Dunois, d'après laquelle le don mutuel est nul s'il n'est confirmé par un testament également mutuel.

Seconde variété. — La plus grande partie des coutumes, et notamment celles de Paris et d'Orléans, restreignent l'objet du don mutuel aux biens de la communauté; d'autres permettent d'y comprendre tous les meubles, acquêts ou conquêts, quelques-unes même une partie des propres. Il en est qui, à cet égard, distinguent s'il existe ou non des enfants. Enfin c'est au moyen des mêmes distinctions entre les biens communs et les propres, entre les meubles et les immeubles, entre le cas où il y a des enfants et celui où il n'y en pas, que diverses coutumes règlent la nature des droits que le don mutuel peut conférer sur ces biens.

Troisième variété. — Cette variété se rapporte aux conditions requises pour la validité du don mutuel.

La coutume de Paris, ainsi que beaucoup d'autres, exige une égalité parfaite dans l'objet de la donation mutuelle. Celles d'Anjou et de Tours sont moins rigoureuses, et se contentent que chaque époux y fasse entrer des biens de la même espèce. Certaines coutumes, telles que celles d'Auxerre et de Nivernais, vont jusqu'à requérir pour le don mutuel une presque égalité d'âge entre les conjoints. Tandis que la plupart veulent que le don soit irrévocable, celles de Mantes et de Poitou, au contraire, permettent à chacun des conjoints de le révoquer sans le consentement de l'autre, en lui notifiant de son vivant la révocation. C'est à tort, selon nous, que Pothier

considère ce don mutuel comme impossible depuis l'ordonnance de 1731, dont l'art. 3 prohibe les donations à cause de
mort, mais dont l'art. 46 réserve les donations entre époux.—
Les coutumes de Bretagne et de Châteauneuf enlèvent le don
mutuel au survivant qui se remarie ayant des enfants.

Quatrième variété. — A Paris, le don mutuel est sujet à délivrance. Dans le Bourbonnais, le donataire est saisi de plein
droit dès la mort du donateur. Dans quelques autres coutumes, il n'est saisi que du jour qu'il a présenté caution. En
effet, la plupart des coutumes qui permettent aux conjoints le
don mutuel en usufruit, exigent une caution du donataire.
Celle de Blois ne lui impose cette charge qu'en cas de convol ;
celle du Grand-Perche se contente du simple serment, à défaut d'autre caution.

Nous nous bornerons à exposer avec quelque détail les règles du don mutuel d'après la coutume de Paris, dont les dispositions étaient, à cet égard, celles de la majorité des coutumes. Tel sera l'objet de la première section de ce chapitre.
Nous en consacrerons une seconde à un autre don mutuel permis par la coutume de Paris aux époux lorsqu'ils dotent leurs
enfants, et à une disposition remarquable de la coutume de
Dunois.

SECTION I.

Du don mutuel ordinaire, d'après la coutume de Paris et
autres semblables.

L'article 280 de la coutume de Paris, relatif à ce don mutuel, est ainsi conçu : « Homme et femme, conjoints par ma-

» riage, étant en santé, peuvent et leur loist faire donation mu-
» tuelle l'un à l'autre également de tous leurs biens meubles
» et conquêts faits durant et constant le mariage, et qui sont
» trouvés à eux appartenir et être communs entre eux à l'heure
» du trépas du premier mourant desdits conjoints, pour en
» jouir par le survivant desdits conjoints sa vie durant seule-
» ment, en baillant par lui caution suffisante de restituer les
» biens après son trépas, pourvu qu'il n'y ait enfants, soit
» des deux conjoints ou de l'un d'eux, lors du décès du pre-
» mier mourant. »

Nous avons à rechercher : 1° la nature et les caractères essentiels du don mutuel; 2° les personnes entre lesquelles il est
permis et les objets qu'il peut comprendre; 3° sa forme et ses
conditions; 4° ses effets et ses charges.

§ 1. — De la nature du don mutuel et de ses caractères.

Le don mutuel exceptionnellement permis entre époux par
les coutumes est défini par Pothier « un don entre-vifs, égal
» et réciproque, que deux conjoints par mariage se font réci-
» proquement l'un à l'autre, à défaut d'enfants de l'un et de
» l'autre, et en cas de survie, de l'usufruit des biens de leur
» communauté, aux charges portées par les coutumes. »

Cet acte, auquel la réciprocité donne l'apparence d'un contrat intéressé de part et d'autre, est néanmoins une vraie donation. Le sentiment qui l'a dicté est un pur sentiment de
libéralité : c'est un don réel, quoique conditionnel et fait
seulement au profit du survivant.

C'est une donation, par conséquent un acte *essentiellement irrévocable*. Toute clause par laquelle l'une des parties se réserverait explicitement ou implicitement la faculté de révoquer le don mutuel ou d'y porter atteinte sans l'assentiment de l'autre partie, entraînerait la nullité de l'acte tout entier. Toutefois, l'irrévocabilité du don mutuel est loin d'être aussi parfaite que celle d'une donation entre-vifs ordinaire. A la différence de la simple donation, qui, aux termes de l'ordonnance de 1731, art. 15 et 16, ne saurait porter que sur des biens présents, et ne peut être chargée de dettes contractées par le donateur postérieurement à la donation, le don mutuel ne se compose que de biens à venir, il ne se fixe et ne se détermine qu'à la mort du disposant ; l'irrévocabilité de ce don consiste uniquement en ce que l'un des conjoints ne peut le révoquer seul et sans le consentement de l'autre.

Mais il est évident que les parties entre lesquelles a été fait le don mutuel peuvent le réduire à néant par leur commun accord : *Nihil tàm naturale est quàm eodem genere quodque dissolveré quo colligatum est.*

Le don mutuel, essentiellement irrévocable, doit, en second lieu, à peine de nullité, être égal de part et d'autre. Tel est le sens du mot *également* qui se trouve dans l'art. 280. La coutume de Paris, qui prohibe en principe toute donation entre époux, n'a permis le don mutuel qu'à la condition que chacun des avantages réciproques fût la compensation de l'autre ; et il est rationnel d'étendre cette condition aux coutumes qui, comme celle d'Orléans, ne la prescrivent pas expressément, mais qui interdisent entre époux toute autre libéralité que le don mutuel.

Outre l'égalité dans l'objet de la donation, certaines coutumes exigent une égalité ou presque égalité d'âge entre les conjoints, sans laquelle ils ne peuvent avoir les mêmes chances de survie, et Ricard pense que cette égalité d'âge doit être requise dans les coutumes mêmes qui ne s'en sont pas expliquées. Mais ce sentiment nous paraît inadmissible, d'abord parce que, suivant l'observation de Pothier, il arrive souvent que les jeunes meurent avant les vieux, et puis surtout parce qu'il est à peu près impossible de déterminer, dans les coutumes qui sont muettes sur ce point, quelle est la différence d'âge qui doit exclure pour la personne la plus vieille toute probabilité de survie. La coutume d'Auxerre répute les parties égales en âge, lorsqu'il n'y a pas quinze ans de différence entre elles ; celle de Nivernais veut que cette différence n'excède pas dix ans.

La coutume de Paris n'exige pas l'égalité d'âge : elle se contente qu'au moment où se fait le don mutuel, chaque époux puisse avoir quelque espérance de survivre, encore bien que tous deux n'aient pas les mêmes chances. Mais elle veut *qu'ils soient en santé* à ce moment (art. 280). Cela ne signifie pas, toutefois, que le moindre malaise de l'un des époux, au moment de la donation, suffirait pour annuler le don mutuel : il faudrait pour cela une maladie grave et qui, mettant en danger la vie de l'un des conjoints, lui ôtât l'espérance de survivre à son époux et de profiter de la donation. Les coutumes de Montfort, de Laon, de Châlons et du Grand-Perche n'annulaient que le don mutuel fait pendant la dernière maladie de l'un des époux : mais la coutume de Paris, plus rigoureuse, n'admet que le don mutuel qui a été fait par les conjoints *étant en santé*.

I. Les *personnes* en faveur desquelles le don mutuel a été admis sont l'homme et la femme unis par un mariage valable ou au moins putatif, qui produise les effets civils. L'ordonnance de 1731 annule toute donation entre-vifs de biens à venir, sauf celle qui est faite par contrat de mariage et le *don mutuel entre époux*.

Le don n'est permis qu'aux époux mariés sous le régime de la communauté, et suppose que chaque conjoint a droit à une portion aliquote des biens communs, non à un simple forfait de communauté; car, aux termes de l'art. 280, le don mutuel ne peut porter que sur des biens de communauté, et, de plus, il doit avoir pour objet non pas un droit quelconque de l'époux donateur, mais *les biens mêmes* qui se trouvent être *communs* entre les conjoints au jour du décès du prémourant (Pothier, *Traité des don. entre mari et femme*, n° 148).

Au surplus, la minorité ou l'interdiction de l'un des époux ne le rend pas incapable de consentir au don mutuel. Un pareil acte, bien différent d'une simple aliénation, ne peut pas compromettre la fortune de l'incapable : *est negotium*, dit Dumoulin, *utrique utile, non continens alienationem, sed meliorem conditionem*.

II. Ce que les époux peuvent se donner mutuellement, c'est

l'usufruit de leur part de communauté, la jouissance *des biens meubles et immeubles qui se trouvent à eux appartenir et être communs entre eux à l'heure du trépas du premier mourant* (art. 280). Les propres de communauté ne sauraient entrer dans le don mutuel.

En cas de reprise d'apport par les héritiers de la femme prédécédée, en vertu de la stipulation faite à leur profit dans le contrat de mariage pour l'hypothèse où ils renonceraient à la communauté, le mari, donataire mutuel, n'a point droit à la jouissance de cet apport. Ce n'est pas que, par l'effet de la renonciation, la communauté soit censée n'avoir jamais existé, et la femme n'avoir jamais eu de biens communs avec son mari : la communauté existait au décès de la femme, et l'apport retiré par ses héritiers ne fait que remplacer sa part de communauté. Mais c'est que, dans cette hypothèse particulière où les héritiers de la femme renoncent pour reprendre son apport, et où cet apport est évidemment plus avantageux et plus considérable que la moitié de la communauté, le don mutuel doit être nul pour défaut d'égalité. Si c'était la femme elle-même qui survécût et qui, renonçant ainsi pour reprendre son apport, voulût exercer son droit de donataire contre le mari, elle ne trouverait qu'une portion de biens inférieure à la moitié de la communauté ! Et le mari pourrait réclamer la jouissance d'une quotité supérieure à cette moitié ? Cela n'est pas possible. Le don mutuel a pour caractère essentiel l'égalité pour les deux parties : dans l'espèce particulière dont il s'agit, le don mutuel est entièrement nul.

Lorsque le don mutuel comprenait autre chose que les objets indiqués par l'article 280, il n'était pas simplement réduit, comme un legs, à ce que la coutume permettait de donner. Dans un acte synallagmatique, dont toutes les parties étaient corrélatives, où chaque promesse avait pour cause chaque stipulation, le moindre changement à ce qui avait été convenu détruisait tout le contrat; le promettant n'était plus lié du moment que la promesse réciproque ne recevait pas une pleine exécution. L'annulation partielle du don fait par l'un des conjoints frappait du même coup la donation mutuellement faite par l'autre : tout était brisé. — La coutume de la Marche, qui, en cas d'inégalité dans le don mutuel, se contente d'une réduction à l'égalité, fait exception à cette règle générale.

§ 8. — De la forme, et des conditions du don mutuel.

I. L'ordonnance de 1731, art. 46, dispense le don mutuel des *formes* exigées pour les donations entre-vifs ordinaires. Toutefois, pour éviter les fraudes, telles que l'antidate, la suppression de l'acte, on le faisait par acte notarié, avec minute.

Pothier veut que la femme soit autorisée par le mari. Ricard est d'un avis contraire par deux raisons : la première, fondée sur la maxime *nemo auctor esse in rem suam potest* ; la seconde, « qu'on ne peut rétorquer contre le mari ce qui est introduit » en sa faveur. » Ajoutons que la participation du mari à l'acte doit être regardée comme une autorisation suffisante.

L'art. 284 de la coutume de Paris assujettit le don mutuel à la formalité de l'insinuation : « Un don mutuel, pour être

» valable, doit être insinué dans les quatre mois du jour du
» contrat, et l'insinuation faite par l'un des conjoints vaut pour
» tous deux, après laquelle insinuation ledit don mutuel n'est
» révocable sinon du consentement des deux conjoints. » Les
créanciers n'ont aucun intérêt à connaître une aliénation qui
n'exempte pas de la contribution aux dettes les biens qu'elle
comprend; mais les héritiers du donateur pourraient être in-
duits en erreur, si l'insinuation ne leur apprenait la donation :
lorsqu'une succession est chargée de dettes propres, lesquelles
ne sont pas à la charge du don mutuel, l'héritier appelé à cette
succession l'acceptera bien plus facilement s'il espère entrer
en jouissance immédiatement que s'il connaît le droit d'usufruit du donataire mutuel. Telle est la raison par laquelle Pothier explique l'utilité de l'insinuation du don mutuel. Il fait
bien d'en ajouter une meilleure empruntée à Ricard, c'est que
l'insinuation faite au greffe du domicile des époux permettait
à la femme de retrouver l'acte de donation, et empêchait la
fraude par laquelle le mari eût fait recevoir cet acte par un
notaire connu de lui seul.

Si la formalité de l'insinuation n'avait pas été remplie dans
les quatre mois, elle pouvait encore l'être après l'expiration
du délai. Seulement, tant que les quatre mois n'étaient pas
écoulés, le mari n'était pas en faute, et ce n'était qu'au bout
de ces quatre mois que les héritiers de la femme prédécédée
auraient pu lui opposer le défaut d'insinuation et lui faire perdre le bénéfice de sa survie.

II. Le don mutuel admis entre époux ne produit d'effet qu'à
deux conditions.

La première, c'est la survie du donataire. L'époux survivant recueille seul la donation ; peu importe, du reste, que son conjoint soit mort naturellement ou civilement.

La seconde consiste en ce que *ni l'un ni l'autre conjoint* n'ait d'enfants à la mort du prédécédé (art. 280). Il suffirait que le donataire eût des enfants pour que le don mutuel fût caduc : dans ce cas, en effet, la donation par lui faite serait nulle s'il était mort le premier, et son conjoint n'en profiterait pas. Or, l'égalité de droit pour chaque partie est de l'essence du don mutuel.

L'existence d'un seul enfant ou d'un descendant quelconque au jour du décès du premier mourant, la naissance même d'un posthume suffirait pour faire défaillir la condition *pourvu qu'il n'y ait pas d'enfants :* mais il faut qu'il s'agisse d'enfants habiles à succéder et auxquels la donation porterait préjudice, et non d'enfants naturels ou frappés de mort civile, ou exhérédés pour une juste cause. L'exhérédation d'un enfant commun aux deux époux ne validerait le don mutuel que si elle avait été prononcée par tous deux : c'est la conséquence du principe d'égalité auquel est subordonnée toute donation mutuelle.

Suivant Pothier, les enfants renonçants, ayant été saisis de plein droit au décès de la succession sans la charge du don mutuel, empêchaient ce don de s'ouvrir. Cependant, puisque la répudiation qu'ils font efface tous leurs droits à la succession, il nous semble qu'ils auraient dû être considérés comme non existants.

Les parties ne pouvaient affranchir le don mutuel des deux conditions auxquelles il était assujetti par la coutume; mais, bien entendu, elles pouvaient y en ajouter de nouvelles : tout donateur peut mettre à sa libéralité les conditions qu'il lui plaît.

§ 4. — Effets et charges du don mutuel

« Un don mutuel de soi ne saisit, ains est sujet à déli-» vrance : » ainsi s'explique l'art. 284. Dumoulin disait : « Entendez : et ne peut saisir. En effet, ajoutait-il, la tradition » n'a pu s'en faire pendant la vie du donateur, puisqu'il s'agit » de biens à venir. » C'était confondre la saisine avec la tradi-tion. Le don mutuel de biens à venir fait , ar contrat de ma-riage n'était pas non plus susceptible de tradition, et pourtant il saisissait de plein droit le survivant au décès du prémourant.

Aux termes de l'art. 285, le donataire mutuel ne gagne les fruits que du jour qu'il a présenté une cau.ion suffisante. — Les époux ne pouvaient se décharger l'un l'autre de l'obliga-tion de fournir caution : c'eût été dépasser les limites imposées par la coutume aux libéralités qu'elle permettait.

Le donataire mutuel, après avoir obtenu la délivrance de son don, jouissait, comme un usufruitier ordinaire, des im-meubles de la communauté pour la part qu'y avait le prédé-cédé. Quant à la part de celui-ci dans l'argent comptant et dans les objets mobiliers de nature à se consommer *primo usu* ou seulement à se déprécier par le temps ou l'usage (telle paraît être, du moins, l'opinion commune), le donataire n'avait qu'un quasi-usufruit : il recevait la pleine propriété à la charge de rendre, à l'extinction de son droit, la valeur de ce qu'il avait reçu aux héritiers de son conjoint.

Il n'y a de biens que dettes déduites. Pour fixer exactement la valeur du don mutuel, il faut donc soustraire de la part du prédécédé dans les biens communs le montant des dettes dont elle est grevée. Si l'époux donataire jouit de toute la part de son conjoint dans l'actif de la communauté, sans déduction du passif, il jouit d'une portion de biens étrangère au don et qui représente l'*æs alienum*. Il devrait donc restituer ces fruits indûment perçus. Voilà ce qui explique la disposition de l'article 286 : « Le donataire mutuel est tenu d'*avancer* et » payer... ensemble la part et moitié des dettes communes » dues par ledit premier décédé, lesquelles....... part et moi- » tié des dettes lui doivent être déduites sur la part et » portion dudit premier décédé, etc. » Les héritiers du pré- décédé, en acquittant *ex propria pecunia* les dettes de sa part de communauté, laisseraient au donataire mutuel la jouis- sance des biens destinés à ce payement, et auraient droit d'être indemnisés par lui. L'article 286 a consacré un moyen d'éviter ce résultat : le donataire fera l'avance des sommes nécessaires pour payer les dettes, et cette somme lui sera restituée à la fin de l'usufruit. Il en perdra ainsi les intérêts pendant toute la durée de cet usufruit, et cette perte sera compensée par la jouissance de l'intégralité de la part du pré- décédé dans l'actif commun.

L'art. 286 a mis les frais funéraires du premier décédé à la charge de sa part de communauté, bien qu'ils n'aient jamais été compris parmi les dettes communes. Le donataire mutuel doit faire les réparations viagères et supporter, en général, toutes les charges de l'usufruit. « Est tenu, dit l'art. 282, celui

» qui veut jouir du don mutuel, faire faire les réparations
» étant à faire sur les héritages sujets audit don mutuel, payer
» les cens et charges annuelles, et les arrérages tant des rentes
» foncières que des autres rentes constituées pendant la com-
» munauté, échues depuis la jouissance dudit don mutuel,
» sans espérance de les recouvrer. »

Les dettes propres de l'époux donateur sont, pour les intérêts comme pour le capital, à la charge des héritiers successeurs aux propres. Aussi l'art. 287 de la coutume porte-t-il que
la femme, donataire mutuelle, ne subit sur le don mutuel *aucune diminution ni confusion* de son douaire préfix, qui consiste
en une somme de deniers pour une fois, et qui est une dette
propre du mari, non une dette de la communauté.

« Toutefois, dit l'art. 286, n'est tenu à payer les legs et autres dispositions testamentaires. » Le don mutuel est irrévocable : voilà pourquoi la coutume décharge le donataire des
legs, qui porteraient atteinte à son droit. Cette règle, tenant à
la nature de la donation, forme le droit commun pour les
coutumes qui ont gardé le silence à cet égard.

Cependant quelques coutumes, Sens, Laon, Châlons, etc.,
ont admis un principe contraire; elles obligent le donataire à
faire l'avance des legs de son conjoint, pourvu qu'il ne s'agisse
que de *legs modiques*.

L'usufruit du donataire mutuel s'éteignait par les mêmes
causes que l'usufruit ordinaire. Dans la coutume de Paris et
dans la plupart des autres, le convol de l'époux survivant n'é-
tait pas par lui-même une cause d'extinction ; il ne le devenait
que par une clause pénale de l'acte. Du reste, dès que cet usu-

fruit avait pris fin, les biens retournaient de plein droit aux héritiers du prédécédé, qui en étaient nu-propriétaires.

SECTION II.

Nous devons parler brièvement du don mutuel permis par
la coutume de Paris dans le contrat de mariage des enfants, et
d'une disposition particulière de la coutume de Dunois.

§ 1. — Du don mutuel permis par la coutume de Paris dans le contrat de mariage des enfants.

L'art. 281 de la coutume de Paris était conçu en ces termes :
« Père et mère, *mariant leurs enfants*, peuvent convenir que
» leursdits enfants laisseront jouir le survivant desdits père et
» mère, des meubles et conquêts du prédécédé, la vie durant
» du survivant, pourvu qu'il ne se remarie, et n'est réputé tel
» accord avantage entre lesdits conjoints. »

L'obligation ainsi imposée par les père et mère respective-
ment à leurs enfants qu'ils mariaient, avait pour résultat une
donation qu'ils se faisaient eux-mêmes l'un à l'autre.

Cette donation, comme le don mutuel ordinaire, devait être
égale et réciproque, afin de justifier la disposition de la loi, *qui
ne répute tel accord avantage entre les conjoints.*

Le défaut de réciprocité ou d'égalité entraînait la nullité de
la donation, et l'enfant pouvait n'y avoir aucun égard, sauf à
restituer à l'auteur survivant la portion de dot qu'il n'a-
vait reçue de lui qu'à la condition d'exécuter le don ainsi
fait.

Une autre ressemblance du don mutuel qui nous occupe avec celui de l'art. 280 consiste en ce qu'il n'était permis qu'aux époux communs en biens. Cela résulte des termes de l'art. 281 : « Peuvent convenir, que leurs enfants laisseront » jouir le survivant des *meubles et conquêts* ». C'est la même chose, c'est l'usufruit de la part du prédécédé dans les biens de la communauté, que les époux peuvent se donner mutuellement, soit par l'art. 280, soit en vertu de l'art. 281, et cet usufruit est, dans les deux cas, nécessairement grevé des mêmes charges.

Mais, à la différence du don mutuel ordinaire, celui de l'art. 281 ne peut être fait directement entre les époux : il n'est que la conséquence d'une convention passée entre eux et leur enfant *commun*, auxquels ils ne constituent une dot qu'à la condition de laisser le survivant jouir de la part entière du prédécédé dans les biens de la communauté. De cette différence principale découlent les quatre suivantes :

1° Le don mutuel ordinaire peut se faire à tout moment pendant le mariage, tant que les époux sont en santé : celui de l'art. 281 ne peut être fait par eux que dans le contrat de mariage de leurs enfants, et comme condition de la dot qu'ils leur constituent. — Il est indispensable qu'ils dotent leurs enfants, pour pouvoir leur prescrire l'obligation de laisser au survivant l'usufruit de la part de communauté du prédécédé; il faut même que les époux prennent part l'un et l'autre à la constitution de dot, pour mériter également la faveur exceptionnelle de l'art. 281.

2° Le don mutuel de l'art. 280 n'est permis que si les

8

époux n'ont pas d'enfants : celui de l'art. 281 ne peut avoir lieu sans enfants.

Les auteurs étaient divisés sur la question de savoir si le don mutuel pouvait être fait par les conjoints dans le contrat de mariage de leurs petits-enfants. En cas de prédécès de l'enfant dont étaient issus ces petits-enfants, rien ne faisait obstacle, suivant nous, à ce que l'on étendît l'art. 281 au grand-père et à la grand-mère, plus dignes même de faveur que les père et mère, puisqu'ils mariaient leurs petits-enfants après avoir déjà marié leurs enfants. Il y avait quelque difficulté lorsque l'enfant du premier degré existait encore à l'époque du mariage du petit-enfant : la succession devait, en effet, dans ce cas, être recueillie par le premier; or, comment lui imposer l'obligation de laisser au survivant la jouissance des meubles et conquêts du prédécédé, si ce n'était pas lui, mais sa fille, par exemple, que l'on dotait? Pothier répond très-bien à cette objection par la maxime *Donatum filio videtur donatum patri*, maxime que l'art. 300 de la coutume de Paris n'a fait qu'appliquer en obligeant le fils de rapporter à la succession de ses père et mère ce qu'ils ont donné à ses propres enfants, comme s'il l'avait reçu lui-même. L'aïeul qui dote un de ses petits-enfants est censé donner à leur père, dont il acquitte une dette naturelle. Par conséquent, l'aïeul et l'aïeule, en faisant intervenir leur fils au contrat de mariage du petit-enfant et en obtenant son assentiment, peuvent mettre à la dot qu'ils constituent la condition qui est pour les époux un moyen de donation mutuelle.

3° Le don mutuel de l'art. 281, permis malgré l'existence

d'enfants, devait au moins être frappé de résolution par le convol de l'époux donataire : « Père et mère mariant leurs en-» fants, porte l'art. 281, peuvent convenir..... qu'ils laisse-» ront jouir le survivant...... *pourvu qu'il ne se remarie* ».

4° Le don mutuel ordinaire se passait entre les seuls époux ; au contraire, celui de l'art. 281 exigeait l'intervention, dans l'acte, d'une tierce personne, qui était l'enfant doté. Cette do-nation résultait de deux conventions combinées : la première entre les père et mère, qui se faisaient le don mutuel ; la se-conde, entre les père et mère d'une part et l'enfant de l'autre, par laquelle ils prescrivaient à ce dernier, comme une condi-tion de sa dot, l'obligation que nous connaissons.

Il suit de là que, si l'enfant pouvait refuser d'exécuter le don mutuel, comme étant inégal par exemple, ou fait en de-hors du contrat de mariage, ou enfin révoqué par le convol du survivant, du moins il ne pouvait le faire sans restituer au donataire la portion de dot qu'il tenait de lui.

D'après ce qui précède, l'enfant marié avec une telle con-vention ne devait pas provoquer l'époux survivant au par-tage de la communauté. Mais quand le partage était demandé par un enfant non doté, celui qui s'était engagé à laisser l'é-poux survivant jouir de la part du prédécédé était-il relevé de sa promesse? Pour le soutenir, on s'appuyait sur le principe de l'égalité des partages entre cohéritiers d'un même rang ; mais l'inégalité résultant de ce que la part de l'enfant doté dans les biens communs eût été grevée d'un usufruit n'était-elle pas suffisamment compensée par la jouissance de la dot que cet enfant avait reçue depuis longtemps?

Dans les coutumes autres que celles de Paris, qui ne permettaient pas l'espèce de don mutuel que nous venons d'indiquer, les père et mère, mariant leurs enfants, arrivaient à peu près au même résultat en obtenant d'eux *la promesse de ne pas provoquer le survivant à partage,* sous peine de restituer à ce dernier la portion de dot par lui fournie, ou d'imputer la dot entière sur la part du prédécédé dans la communauté.

§ 9. — Disposition particulière de la coutume de Dunois.

Quelques mots seulement sur une disposition toute spéciale de la coutume de Dunois, locale de celle de Blois, qui ne valide entre époux la donation mutuelle qu'autant qu'elle est confirmée par un testament mutuel, et qui forme une sorte de terme moyen entre le don mutuel généralement admis par les coutumes et le testament mutuel pratiqué dans les Gaules, et dans lequel Bignon a cru voir l'origine du don mutuel.

Voici la disposition de l'art. 68 de cette coutume : « Homme » et femme, conjoints par mariage, sains d'entendement, peu-» vent donner à toujours, mais l'un à l'autre, par *don mutuel* » et *confirmé par testament seulement,* fait ensemblement, *tous* » et chacun leurs *biens meubles et acquéremens immeubles,* » *tant en propriété qu'en usufruit,* qu'ils auront lors du trépas » du premier décédé d'eux deux, et l'*usufruit de tous leurs héri-* » *tages propres,* la vie durant du survivant seulement, et vaut » ladite donation, *soit qu'ils aient enfants ou non, à la charge* » *toutefois de nourrir,* entretenir, pourvoir et assigner *leurs en-* » *fants* selon leur état, durant leur minorité, ou qu'ils soient

» mariés, ou autrement pourvus; et payer les dettes, *legs* et fu-
» nérailles du premier décédé, ensemble les charges foncières
» que doivent lesdits héritages, et iceux entretenir, et *demeure*
» *ledit donataire saisi.* »

Au fond, cette coutume n'admet d'autre forme de donation
entre époux que le testament mutuel, puisque le don qu'elle
permet n'est valable que s'il est confirmé par un testament
mutuel. La révocabilité qui caractérise le testament est une
garantie de la liberté qui a dû présider à la disposition.

C'est sans doute parce que la liberté d'intention est ainsi
assurée que la coutume laisse aux époux tant de latitude en ce
qui concerne l'objet de la donation. Ils peuvent se donner
leurs meubles et acquêts en toute propriété, et leurs propres
mêmes en usufruit; et peu importe pour cela qu'ils aient des
enfants ou non.

L'art. 68 veut que les conjoints soient sains d'entendement
lorsqu'ils font le testament mutuel. Ils ne peuvent même,
malgré le silence de la loi sur ce point, le faire pendant la
dernière maladie de l'un d'eux, car il n'y aurait pas égalité
d'espérance, et un testament qui ne peut profiter qu'à l'un
des deux testateurs n'est pas réellement mutuel.

Les dettes et charges du donataire mutuel variaient tant
avec l'importance et la nature des biens donnés qu'avec les
droits qu'il acquérait sur ces biens. Il n'était chargé que des
dettes des biens, propres ou communs, qu'il recueillait; et ces
dettes, il en avançait simplement le montant ou il les payait
sans répétition suivant qu'il avait en usufruit ou en propriété
les biens qu'elles grevaient.

L'art. 68 met les legs à la charge du donataire mutuel; mais il ne s'agit que des legs modiques. — Ce n'est pas que la donation mutuelle par testament fût irrévocable, mais la révocation ne pouvait résulter d'un legs. La révocation, pour être valable, devait avoir été notifiée : autrement un conjoint eût pu profiter seul de la donation mutuelle à l'aide d'une révocation secrète qui n'eût été produite que dans le cas de son prédécès et pour écarter l'époux survivant.

CHAPITRE IV.

DE L'ÉDIT DES SECONDES NOCES.

La prohibition absolue des donations entre époux n'était que généralement, pas universellement, admise par les coutumes. Cette prohibition, d'ailleurs, ne s'appliquait qu'aux donations faites véritablement entre mari et femme, c'est-à-dire pendant le mariage : les donations que se faisaient les futurs époux dans leur contrat de mariage étaient entièrement libres, et jouissaient même de plus de faveur que les donations entre étrangers.

Il est un cas pour lequel trop de latitude était ainsi laissé aux donations entre époux, parce qu'alors elles devaient être aussi fréquentes que funestes par leurs effets : c'est le cas où une personne veuve avec enfants contracte une nouvelle union. Ce fut pour préserver les enfants du premier lit contre le danger des libéralités faites au nouveau conjoint par leur auteur

remarié, que fut rendu par François II, en juillet 1860, l'édit
des secondes noces, ouvrage du chancelier L'Hôpital.

« Comme les femmes *veuves ayant enfants*, porte le préam-
» bule de l'édit, sont souvent invitées et sollicitées à nouvelles
» noces, et, ne connaissant pas être recherchées plus pour
» leurs biens que pour leurs personnes, elles abandonnent
» leurs biens, etc..... mettant en oubli le devoir de nature en-
» vers leurs enfants, de l'amour desquels tant s'en faut qu'elles.
» se dussent éloigner par la mort de leur père, que, etc....... »
L'intérêt légitime des enfants d'un précédent mariage et la té-
mérité de l'époux qui convole, telles sont les considérations
d'utilité privée qui ont inspiré l'édit; le préambule montre le
côté politique de la disposition, en signalant « la diminution
des bonnes familles, et conséquemment la diminution de la
force de l'état public » comme le résultat inévitable de libéralités excessives.

Au surplus, l'édit des secondes noces ne fit qu'étendre aux
pays de coutumes les constitutions *Hâc edictali*, *Fœminæ quæ*
et *Generaliter*, déjà suivies depuis longtemps dans les provinces
de droit écrit, où elles restreignaient les donations entre
époux, soit avant, soit pendant le mariage. Comme la première
de ces constitutions, l'édit, dans un premier chef, limite à
une part d'enfant la quantité de biens dont l'époux remarié
avec enfants peut, en général, disposer au profit de son
nouveau conjoint; dans un second chef, à l'exemple des lois
Fœminæ quæ et *Generaliter*, il grève, entre les mains de l'époux
qui convole, certains biens de substitution au profit des enfants
du premier lit.

Après avoir exposé ces deux chefs dans deux sections successives, nous indiquerons, dans une troisième, une sorte d'extension apportée au second chef par les coutumes de Paris et
d'Orléans.

SECTION I.

Du premier chef de l'édit.

Ce premier chef est conçu en ces termes : « Ordonnons que
» femmes veuves, ayant enfant ou enfants, ou enfants de leurs
» enfants, si elles passent à nouvelles noces, ne pourront, en
» quelque façon que ce soit, donner de leurs biens, meubles,
» acquêts, ou acquis par elles d'ailleurs que de leur premier
» mari, ni moins leurs propres, à leurs nouveaux maris, père,
» mère ou enfants desdits maris, ou autres personnes qu'on
» puisse présumer être par dol ou fraude interposées, plus
» qu'à l'un de leurs enfants, ou enfants de leurs enfants; et,
» s'il se trouve division inégale de leurs biens faite entre leurs
» enfants ou enfants de leurs enfants, les donations par elles
» faites à leurs nouveaux maris seront réduites et mesurées à
» la raison de celui des enfants qui aura le moins. »

Sur ce premier chef, nous avons à voir ce qui concerne :
1° les personnes auxquelles il s'applique; 2° les donations
qu'il interdit; 3° la réduction, qui est la sanction de la règle
qu'il établit.

Quelles sont les personnes qui ne peuvent donner, quelles
sont celles qui ne peuvent recevoir plus que ne permet le premier chef de l'édit?

I. Les personnes qui ne peuvent donner au delà de cette
quotité sont, aux termes de l'édit, les veuves remariées qui
laissent en mourant un ou plusieurs enfants ou descendants
d'une précédente union. L'édit n'avait pas compris expressément dans sa défense les hommes veufs dans le même cas;
mais la jurisprudence eut bientôt comblé cette lacune, tant à
cause de l'identité des motifs que de la précision de la loi *Hac
edictali* sur ce point.

II. C'est à son nouveau conjoint que l'époux remarié ne
peut donner plus que ne permet l'édit, soit directement, soit
par personnes interposées.

Sont présumées légalement personnes interposées les père
et mère, ainsi que les enfants du conjoint donataire, à cause
des liens si étroits qui les unissent à lui et de la facilité avec
laquelle, sans cela, les époux pourraient éluder la prohibition
de l'édit; et il n'est pas moins conforme à l'esprit de la loi
qu'aux règles du langage d'étendre cette présomption à tous
les ascendants et descendants de ce conjoint (l. 201, D., *de
verb. signif.*; l. 51, D., *eod.*). Elle ne s'applique pas aux enfants communs des époux, qui ont droit personnellement à
l'affection du donateur, mais seulement à ceux que le nouveau conjoint peut avoir eus d'un autre lit.

Ce n'est pas à chacun de ses nouveaux conjoints, c'est à tous ensemble qu'un époux ne peut donner, que la valeur de la part de l'enfant le moins prenant. Le texte de l'édit est formel : « Ne peuvent donner, dit-il, à *leurs nouveaux maris* plus qu'à l'un de leurs enfants. » Ainsi, la femme qui aurait fait à son second mari une donation équivalente à cette part, ne pourrait plus rien donner aux autres (Pothier, *Traité du cont. de mariage,* n° 838).

§ 9. — Des donations défendues par le premier chef.

Voyons d'abord quelles étaient les donations prohibées par l'édit et sujettes à la réduction. Nous dirons ensuite quelques mots des donations de part d'enfant.

1. Toute donation faite par l'époux remarié à son conjoint était soumise à la réduction de l'édit des secondes noces, dès qu'elle excédait la valeur de la part de l'enfant le moins prenant dans la succession du donateur.

Il en était ainsi de tout acte par lequel l'époux binube avait pu conférer à l'autre époux quelque avantage, — « en quelque façon que ce soit, » porte l'édit, qui présente à cet égard la plus grande rigueur. Non-seulement les dons simples ou réciproques et égaux, purement gratuits ou bien rémunératoires, entre-vifs ou testamentaires, étaient atteints par l'édit; mais encore les avantages qui pouvaient résulter indirectement des conventions ordinaires de mariage, étaient réductibles par exception en faveur des enfants du premier lit. Tels étaient les avantages résultant de la supériorité des apports faits par l'époux remarié à la communauté légale ou conventionnelle, du préciput accordé par ce dernier à son conjoint, ou encore de la stipulation, au profit du nouvel époux, d'un forfait de communauté, lorsque ce forfait se trouvait, à la dissolution, plus considérable que la part qui eût dû lui revenir.

Le douaire accordé conventionnellement par un mari à sa seconde femme n'était considéré comme un avantage sujet à réduction que pour ce qui excédait le douaire coutumier. Ce que la femme eût reçu de la loi dans tous les cas et indépendamment de la volonté du mari, était en quelque sorte un droit pour elle et non une libéralité réductible à la quotité de l'édit. Les coutumes attribuaient elles-mêmes directement à toute femme, à la seconde, à la troisième, etc., comme à la première, un douaire sur les biens de son mari.

Au surplus, il n'y avait lieu de réduire que les avantages excédant la part de l'enfant le moins prenant, de quelque mariage que fût issu cet enfant.

L'inégalité de parts entre les enfants du donateur pouvait résulter des droits d'aînesse et de masculinité, ou bien d'avantages préciputaires dans les coutumes qui les permettaient, mais non, comme on l'a dit, de la substitution établie par le second chef de l'édit, et par laquelle les enfants du premier lit tiennent les biens, non de l'époux donataire, mais du disposant, *non à gravato, sed à gravante.*

Le droit du conjoint en secondes ou troisièmes noces était limité, mais au moins était-il bien précis et bien déterminé : c'était la part qu'eût pu légalement exiger l'enfant le moins prenant; ce n'était pas seulement la part dont il voulait bien se contenter; ce n'était pas non plus la dot moyennant laquelle une fille, par son contrat de mariage, avait renoncé à sa part d'héritage.

Suivant l'opinion de Ricard et de Pothier, conforme à la décision d'un arrêt de 1681, la quotité disponible était égale au plus faible *des lots résultant de la division* du patrimoine du donateur, de sorte que, au cas de partage de la succession par souches, la donation devait se mesurer sur la part échue, non au petit-enfant, mais à l'enfant, à la souche qui avait reçu le moins. C'était la subdivision, et non pas la division de l'hérédité de l'époux donateur, qui déterminait la part de chaque petit-enfant. Que si les petits-enfants, au lieu de venir par représentation à la succession du donateur, y étaient venus de leur chef, de telle façon que le partage n'eût plus été fait par souches, la donation eût été réduite à la part du petit-enfant le moins prenant. — N'était-il pas injuste que le prédécès ou le refus des enfants du premier degré pût nuire à l'époux donataire en le plaçant en face de descendants plus éloignés et plus nombreux ?

II. *Donation de part d'enfant.* — Souvent une personne remariée, et qui avait des enfants d'un lit précédent, voulant gratifier autant qu'elle le pouvait son nouvel époux, sans dépasser les limites imposées par l'édit à sa libéralité, lui donnait, en termes généraux, *une part d'enfant.*

Cela constituait une donation de biens à venir, qui ne pouvait se faire que par contrat de mariage; car, hors le cas de contrat de mariage et celui de don mutuel entre mari et femme, l'ordonnance de 1731, art. 15, proscrivait toute donation entre-vifs composée de biens à venir.

La donation de part d'enfant faite par contrat de mariage n'obligeait pas le donataire à payer, comme un héritier, les dettes de son auteur *ultra vires*, mais jusqu'à concurrence seulement de la valeur des biens qu'il avait reçus.

De toutes les questions soulevées par Pothier sur les donations de part d'enfant, une seule se résoudra par les mêmes considérations sous l'empire du code Napoléon qu'en droit coutumier : c'est celle de savoir ce que peut réclamer le donataire d'une part d'enfant, lorsque l'époux donateur est mort après avoir perdu tous ses enfants. Ce donataire, n'ayant droit qu'à une part, ne peut pas réclamer la totalité des biens. Tout ce qu'il a droit d'obtenir, c'est la plus grande fraction qu'il eût pu recevoir *en concourant* avec un enfant à la succession. Ricard applique à cette hypothèse l'interprétation de la loi 164, § 1, D., *de verb. signif.*, d'après laquelle *partis appellatio, non adjecta quota, dimidia intelligitur*. C'était le système consacré par la jurisprudence.

§ 2. — De la réduction ordonnée par le premier chef.

Pas de loi sans sanction. Les donations supérieures à la part de l'enfant le moins prenant étaient réductibles à cette quotité.

La prohibition de l'édit n'avait été portée qu'en faveur des enfants du premier lit. Mais l'édit n'avait voulu que sauvegarder leurs intérêts, et non les avantager au préjudice des enfants des subséquents mariages : c'est cependant ce qui serait arrivé si la réduction n'eût profité qu'aux premiers. La loi

Quoniam 9, pr., C., *de sec. nupt.*, en avait fait partager le bénéfice à tous les enfants du donateur ou de la donatrice, à quelque mariage qu'ils appartinssent. Cette loi fut suivie dans les pays de coutumes, de préférence à la novelle XXII, ch. 27, qui l'avait abrogée. — On ne distinguait pas même entre le droit de participer au partage et le droit d'intenter l'action en retranchement ; on reconnaissait ce double droit aux enfants du second lit ainsi qu'aux autres : *nec est novum in jure, ut quod quis ex personâ suâ non haberet, ex personâ alterius habeat* (l. 3, § 11, vers. *Plane*, D., *de bon. pos. contr. tab.*).

La qualité d'héritier était-elle nécessaire ou celle d'enfant suffisante pour donner l'action en réduction? Il semble, à première vue, qu'il fallait venir à la succession pour exercer l'action : la réserve, en droit coutumier, était regardée comme une part assurée de la succession, et due aux seuls héritiers : *apud nos*, disait Dumoulin, *non habet legitimam nisi qui heres est*. Cependant Ricard, Lebrun, Pothier (*Cont. de mariage*, n° 568), et presque tous les auteurs, admettaient au retranchement de l'édit l'enfant même renonçant ; ils ne voyaient pas dans ce droit une extension de la réserve coutumière, un droit successoral véritable, mais un simple bénéfice attribué par l'édit aux enfants comme enfants, indépendamment de la qualité d'héritiers. Tel était le caractère de la légitime romaine, qui n'était point considérée comme une portion de la succession réservée à certains héritiers, mais comme un droit spécial attribué à certains proches ; et c'est ce caractère qu'avait pris la réserve particulière créée par la loi *Hac edictali*, adoptée par les pays de droit écrit, et étendue à toute la France par l'édit des secondes noces.

Encore bien qu'il ne fût pas nécessaire d'être héritier pour avoir droit au retranchement, Ricard et Pothier refusaient ce droit à l'enfant exhérédé, par une autre raison, tirée de son indignité, et qui s'appliquait aussi bien aux biens donnés qu'à ceux restés dans la succession de son auteur. Ils en excluaient également la fille dotée, *ne fût-ce que d'un chapel de roses*, qui se trouvait ainsi, dans certaines coutumes, privée de tout droit à la succession du père ou de la mère qui l'avait dotée; et celle qui, par son contrat de mariage, avait renoncé en faveur de ses frères : parce que la disposition de l'édit n'avait été faite que pour réparer un préjudice, et que les enfants qui avaient perdu d'avance tout droit à la succession n'avaient évidemment pu éprouver aucun préjudice par suite des libéralités faites au nouvel époux.

Les enfants avaient, pour obtenir la réduction, une de ces actions qu'on appelait personnelles-réelles : le donataire, en recevant plus que ne permettait l'édit, avait contracté l'obligation de restituer l'excédant; les tiers détenteurs des immeubles donnés n'avaient pu acquérir sur ces biens qu'un droit résoluble comme celui du donataire lui-même.

L'action réelle était surtout applicable aux immeubles. Lorsque la donation avait pour objet de l'argent ou des objets mobiliers, les enfants ne pouvaient guère intenter qu'une action personnelle en restitution de la valeur contre le donataire ou ses héritiers.

L'époux donataire devait-il recevoir une part d'enfant sur la portion retranchée? La glose sur la loi *Hâc edictali* paraît admettre l'affirmative; tel est aussi l'avis de Lebrun (*Succes-*

sions, liv. 9, ch. 6, sect. 1, dist. 3, n°° 19-21) et de Renusson (*Communauté*, part. iv, ch. 3, n° 67). Ricard, plus attaché à la lettre de la loi qu'à son esprit, émet une opinion contraire. La loi *Hác edictali* porte, à la vérité, ces mots : . . . . , *ad personas deferri liberorum et inter eos dividi jubemus;* mais ils ne sont qu'énonciatifs et n'excluent pas le mari du partage. La novelle XXII (cap. 27) est conçue en termes qui semblent plus expressifs : . . . . . *competit filiis, et inter eos solos ex æquo dividitur ut oportet;* mais elle n'a voulu, par ces mots *inter eos solos*, qu'opposer les enfants du premier lit à ceux du second et abroger la loi *Quoniam*, qui mettait tous les enfants sur la même ligne. L'édit veut que l'époux donataire ne puisse recevoir plus d'une part d'enfant, mais il veut qu'il puisse recevoir cette quotité, ce qui n'aurait pas lieu si la portion retranchée de la donation était distribuée exclusivement entre les enfants, y compris celui dont la part avait précédemment servi de mesure pour réduire cette libéralité.

Voici la marche à suivre pour remplir le vœu du législateur : les biens donnés devaient être fictivement rapportés à la masse, et l'époux donataire compté pour un enfant de plus pour le partage ; la masse ainsi composée devait se partager entre tous les enfants, y compris le donataire ; et ce n'était qu'après avoir de cette façon déterminé la part de ce dernier, qu'il convenait de réduire réellement à cette part la donation qu'il avait reçue.

SECTION II.

Du second chef de l'édit.

Le premier chef de l'édit de 1560 restreint, en faveur des enfants d'un lit précédent, la quotité de biens dont l'époux remarié peut disposer désormais au profit de ses conjoints; le second chef va plus loin : il exclut absolument de cette quotité certains biens, ceux qui proviennent à cet époux de l'autre auteur des enfants qu'il a d'un mariage antérieur. Le convol a même pour effet de grever l'époux d'une substitution, qui l'oblige à conserver ces biens pour les rendre à sa mort aux enfants communs du donateur et du donataire. Ces enfants seuls les recueilleront, à l'exclusion de leurs frères et sœurs des unions subséquentes.

Le second chef de l'édit est ainsi conçu : « Au regard des » biens à icelles veuves acquis par dons et libéralités de leurs » défunts maris, icelles n'en peuvent et ne pourront faire part » à leur nouveau mari; ains elles seront tenues les réserver » aux enfants communs d'entre elles et leurs maris, de la li- » béralité desquels iceux biens leur seront advenus; le sem- » blable voulons être gardé ès biens qui sont venus aux maris » par dons et libéralités de leurs défuntes femmes, tellement » qu'ils n'en pourront faire don à leur seconde femme, mais » seront tenus les réserver aux enfans qu'ils auront eus de » leur première. »

Nous avons vu la source de cette disposition dans la loi

9

Feminæ quæ, relative seulement aux femmes remariées, et qui fut étendue aux hommes par la loi *Generaliter*.

Il nous faut, sur ce second chef, examiner trois points : 1° quels avantages doivent être considérés comme provenant de la libéralité d'un premier époux? 2° en quoi consiste la substitution légale dont il s'agit? 3° quels enfants sont appelés à recueillir cette substitution?

I. Le mot *avantages* recevait la plus grande extension dans l'intérêt des enfants du premier lit ; il comprenait tout ce que l'époux remarié avait reçu directement ou indirectement, à titre gratuit, d'un premier époux ; c'est tout ce que nous avons dit en expliquant ce mot par rapport au premier chef. Il a plus : *le douaire* qu'une femme a reçu *en propriété* de son premier mari est un don de celui-ci pour la totalité, pour la partie même qui représente le douaire coutumier, et doit être réservé en entier aux enfants du premier mariage. C'est, en effet, à titre gratuit et sans rien donner en échange, que la femme reçoit son douaire; et, si le mari est obligé par la loi de le lui donner, il n'en est pas moins vrai que c'est lui seul qui le donne, de ses propres biens. Il est évident, du reste, que la femme ne peut réserver à ses enfants du premier lit un douaire qui ne consiste qu'en usufruit et qui s'éteint avec sa vie.

Le droit coutumier n'imposa jamais, comme la loi 5, § 1, C., *de sec. nupt.*, à la veuve remariée l'obligation de réserver à ses enfants du premier lit les biens recueillis par elle dans la succession de l'un d'eux, quand même celui-ci les aurait tenus de son père, le premier mari.

II. La loi *Generaliter* attribue en termes exprès aux enfants du premier lit la propriété des biens donnés par leur auteur prédécédé à son conjoint qui convole : « *Dominium rerum,* » quæ liberis per hujus legis vel præteritarum auctoritatem » servantur, *ad liberos pertinere decernimus,* etc. »; elle ne laisse au donataire que l'usufruit de ces biens. Le second chef de l'édit ne dépouille pas immédiatement le donataire : il l'oblige seulement *à réserver les biens aux enfants communs;* il le grève d'une simple substitution légale dont, au surplus, la volonté, même formellement exprimée, du donateur ne saurait l'affranchir. La loi a sanctionné elle-même ici les devoirs de l'affection paternelle envers les enfants.

De ce que l'époux donataire qui convole n'est, en ce qui concerne les biens donnés, qu'un grevé de substitution, résultent plusieurs conséquences : — 1° il peut aliéner et obliger les immeubles compris dans la donation, mais seulement sous condition et pour le cas où la substitution s'éteindra par le prédécès de tous les appelés; — 2° les immeubles sont, pour les appelés qui les recueillent à l'ouverture de leur droit, *des propres paternels ou maternels,* suivant la qualité du grevant; — 3° ils ne s'imputent point sur la légitime due par le grevé; — 4° ce dernier ne peut les distribuer à son gré entre les enfants du premier lit; — 5° les enfants du second mariage n'ont aucun droit sur ces biens. — Ces quatre dernières propositions sont fondées sur ce principe que les appelés à une substitution en recueillent le bénéfice *à gravante, non à gravato.*

Il est à remarquer que le convol de l'époux donataire avait

un effet rétroactif, et soumettait à la charge de la substitution les aliénations même antérieures à ce convol. La novelle II, ch. 2, l'avait ainsi décidé.

III. C'est « aux seuls enfants de son premier lit que l'époux » qui convole est tenu de réserver les biens » qu'il tient de la libéralité de son conjoint prédécédé : donc la substitution s'ouvre exclusivement au profit de ces enfants, et ceux du second lit n'y ont aucun droit. — En cas de prédécès des enfants du premier lit, leurs propres enfants les représentaient et prenaient leur place. Cela ne souffrait pas de difficulté. *Liberorum appellatione nepotes continentur.*

Les appelés à la substitution, ne recevant rien du grevé, ne devaient pas nécessairement être ses héritiers pour recueillir cette substitution. Il ne fallait pas davantage qu'ils fussent les héritiers du donateur, puisqu'ils ne recevaient pas à ce titre des biens sortis pour toujours de son patrimoine par une donation, à laquelle seulement la loi avait depuis imposé une charge de restitution en leur faveur.

Cependant le bénéfice de l'édit était refusé aux enfants valablement exhérédés, ainsi qu'aux filles dotées et exclues de la succession par la coutume, ou qui y avaient renoncé par contrat de mariage. Ce n'est pas qu'il leur eût fallu la qualité d'héritiers; mais c'est que *ces divers enfants n'étaient point appelés à la substitution.* L'édit, en réservant aux enfants du premier lit les biens donnés par leur auteur décédé à son conjoint dans le cas de convol de ce dernier, avait voulu prévenir, dans leur intérêt, les entraînements des seconds mariages : les enfants auxquels la donation suivie de convol aurait pu devenir préjudiciable par suite des libéralités faites au nouvel époux, *voilà ceux que l'édit avait appelés à la substitution ;* or, tels ne pouvaient être les exhérédés, ni les filles dotées qui étaient, à l'avance et pour tous les cas, exclues de la succession.

Les enfants du premier lit pouvaient seuls, à la mort du grevé, qui ouvrait la substitution, attaquer les aliénations faites par ce dernier. Le grevé lui-même n'aurait pu agir en répétition pendant sa vie; car, non-seulement il devait garantie à son acquéreur contre l'éviction, du moins en cas d'aliénation à titre onéreux; mais encore la translation de propriété qu'il avait faite n'était pas nulle absolument : le grevé, propriétaire des biens donnés, à la condition seulement que tous les appelés mourussent avant lui, avait pu faire une aliénation valable sous la même condition.

La substitution ne s'ouvrait en effet, qu'autant que les enfants du premier lit, en faveur desquels elle était établie, survivaient à l'époux remarié, eux ou leur postérité; si tous prédécédaient, la substitution était éteinte.

Elle s'éteignait également par le *nouveau veuvage* du grevé ; la prohibition portée contre l'époux remarié de disposer des biens donnés devait cesser avec sa cause, c'est-à-dire avec le second mariage.

SECTION III.
De l'extension donnée au second chef de l'édit par les coutumes de Paris et d'Orléans.

L'édit des secondes noces permet à l'époux qui convole de donner à son nouveau conjoint, sur ses biens en général, l'équivalent de la part de l'enfant le moins prenant ; il exclut seulement les biens provenant à l'époux remarié des libéralités de son défunt conjoint. — Les coutumes de Paris et d'Orléans sont plus sévères : *la part qu'une femme a retirée de la communauté formée avec son premier mari* n'est pas un don de ce dernier, elle n'est que le fruit de la collaboration commune ; cela suffit à ces coutumes pour restreindre, en ce qui concerne la disposition des biens ainsi acquis, la liberté de la veuve remariée.

Voici les termes de l'art. 279 de la coutume de Paris : « Quant aux conquêts faits avec ses précédents maris, femme » convolant en secondes ou autres noces, ayant enfants, n'en » peut disposer aucunement au préjudice des portions dont les » enfants desdits premiers mariages pourraient amender de » leur mère ; et néanmoins succèdent les enfants des subsé- » quents mariages auxdits conquêts avec les enfants des ma- » riages précédents. » — Voici maintenant la disposition de la coutume d'Orléans, qui ne diffère de celle de Paris que par une rédaction plus claire (art. 203) : « Quant aux conquêts faits » avec ses premiers maris, elle n'en peut aucunement avanta- » ger son second ou autres maris : toutefois peut disposer » d'iceux à autres personnes, sans que telle disposition puisse » préjudicier aux portions dont les enfants desdits premiers » mariages pourraient amender de leur mère. »

Ainsi les coutumes de Paris et d'Orléans avaient ajouté à la rigueur de l'édit en appliquant aux biens que la veuve remariée tenait de sa première communauté une prohibition de disposer, sinon semblable, du moins analogue à celle que le second chef de l'édit avait portée relativement aux biens reçus d'un premier conjoint par l'époux qui convolait.

Les différences qui existent entre la disposition de l'édit, par rapport aux biens donnés par un premier époux, et la disposition des coutumes de Paris et d'Orléans en ce qui concerne les biens de la première communauté, ressortiront des détails que nous donnerons sur cette espèce d'extension.

Disons d'abord que, par ce mots *conquêts* la coutume avait entendu parler des meubles comme des immeubles. D'Aguesseau, dans des conclusions admirables de clarté et de précision, qui furent suivies d'un arrêt conforme le 4 mars 1697, établit que l'expression *conquêts* est opposée par la coutume à celle de *conquêts-immeubles* pour comprendre toutes sortes d'objets acquis, même mobiliers; qu'il n'y a pas lieu, d'ailleurs, de distinguer entre des choses qui sont toutes également le produit d'une industrie et d'une collaboration commune, etc.

On appliquait même l'extension aux biens apportés par la femme à la communauté et tombés dans son lot par le partage. Si ce n'étaient pas là « des conquêts faits avec un précédent mari, » du moins ces biens avaient-ils été destinés dès le principe par les époux aux enfants du premier mariage.

L'effet de l'extension est différent, selon que la femme dispose des conquêts au profit de son nouvel époux, ou bien de toute autre personne.

Premier cas. — La *donation faite* en conquêts *par la femme à son nouveau mari* est nulle pour le tout, et non jusqu'à concurrence seulement « des portions dont les enfants des précédents mariages auraient pu amender, » s'ils eussent trouvé

ces conquêts dans la succession de leur mère. Toutefois, il
faut l'avouer, ce point resta problématique jusqu'à ce que
l'art. 203 de la coutume d'Orléans, rédigée trois ans après
celle de Paris, vint jeter la lumière sur la disposition de cette
dernière coutume. — S¹, au décès de la femme, il ne se
trouve aucun enfant d'un précédent mariage, la donation subsiste. Mais s'il en reste un seul, cette survie suffit pour frapper
de nullité les avantages *quelconques* faits au nouvel époux ; et
tous les enfants, de quelque mariage qu'ils soient issus, peuvent s'en prévaloir. Le texte de l'art. 270 est formel.

Second cas. — La *donation faite* en conquêts d'un premier
mariage *par la femme à toute autre personne que son nouveau
mari* n'était nulle que pour la part que les enfants du premier
lit auraient pu réclamer sur les conquêts dans la succession
de leur mère. C'est à cette donation seule que se rapportent les
limites dans lesquelles l'art. 270 renferme la défense qu'il fait
à la femme remariée de disposer des conquêts de sa première
communauté.

Pendant longtemps on pensa que les coutumes de Paris et
d'Orléans interdisaient à la femme remariée tout acte de
disposition relatif à ses conquêts, même les aliénations à titre
onéreux. Ce ne fut que fort tard qu'on restreignit aux *aliénations gratuites* la portée de leur prohibition ; encore ne permit-
on jamais à une veuve de faire entrer dans une seconde communauté la moindre partie des biens qu'elle avait retirés d'une
première.

La défense que l'art. 270 fait à la femme n'est pas une substitution dont il la grève. Les conquêts auxquels s'applique

cette défense appartiennent à la femme de son chef, et l'on ne peut admettre, même fictivement, que le mari l'ait chargée de rendre ces biens aux enfants communs. Il ne s'agit ici que d'une simple *interdiction d'aliéner*.

Cette interdiction d'aliéner les conquêts n'étant qu'une suite du convol de la femme, n'atteint pas les dispositions qu'elle a faites auparavant. Si la femme meurt sans avoir fait aucune aliénation, les conquêts restent dans sa succession pour être partagés également entre ses enfants, soit du premier lit, soit du second, pourvu qu'ils aient accepté sa succession. Lorsque la veuve a aliéné ses conquêts contrairement à la prohibition des coutumes de Paris et d'Orléans, les enfants, en faveur desquels la défense a été faite à raison de leur qualité d'enfants, peuvent, sans être héritiers de leur mère, revendiquer les biens par elle aliénés.

La disposition de l'art. 270 de la coutume de Paris ne parlait que des veuves remariées. On agita longtemps la question de savoir si elle devait être appliquée aux hommes dans le même cas. Les raisons de douter étaient la prétendue rigueur de cette prohibition et la considération des motifs qui l'avaient fait prononcer : c'est bien plutôt, disait-on, du travail et de l'industrie du mari que des soins et de l'économie de la femme que provient la richesse de la communauté. Cette dernière raison n'est pas certaine : elle n'est pas vraie surtout lorsque le mari et la femme ont fait des apports égaux. Quant à la défense d'aliéner, elle est bien moins une rigueur pour les époux qu'une faveur pour les enfants. C'est ce que d'Aguesseau fit admettre par arrêt du 4 mars 1697.

Mais la disposition des coutumes de Paris et d'Orléans, à la différence de l'édit des secondes noces, n'avait aucun empire en dehors du territoire de ces coutumes. Elle était un *statut réel* et ne s'appliquait qu'aux conquêts-immeubles situés dans ce ressort.

APPENDICE.

L'ordonnance de Blois, rendue par Henri III, en 1579, apporte, à titre de peine contre les *femmes veuves qui, ayant enfants d'autres mariages, se remarient follement à personnes indignes de leur qualité*, une restriction nouvelle aux libéralités que les veuves remariées peuvent généralement faire à leurs nouveaux maris : elle déclare *nuls et de nul effet tous dons et avantages qui, par lesdites veuves, seront faits à telles personnes*; et elle met *icelles veuves*, lors de la convention de tels mariages, *en l'interdiction de leurs biens*. C'est la disposition de l'art. 18 de l'ordonnance.

TROISIÈME PARTIE.

I

DROIT INTERMÉDIAIRE.

Les variétés extrêmes que nous avons trouvées par rapport aux donations entre époux, ne sont qu'un exemple de l'infinie diversité que présentait, en toutes matières, l'ancienne législation française. La diversité coutumière, résultat naturel de la division féodale du territoire, sans inconvénient à une époque où l'horizon de la vie était assez borné et les rapports peu étendus, n'eut plus de raison d'être après le rétablissement de l'unité monarchique, et ne fut plus, dans un état social plus avancé, qu'un embarras et une entrave pour les relations et le commerce des hommes entre eux. Déjà de grands esprits avaient songé à donner à la France l'unité de législation : telle avait été la pensée de d'Aguesseau, qui en commença la réalisation par les ordonnances qu'il fit rendre sur quelques matières importantes ; le président de Lamoignon avait rédigé un projet de Code civil. Enfin, quand la Révolution eut renversé l'ancien édifice politique, la Constituante, répondant à l'un des vœux les plus ardents des cahiers, promit à la France un code de lois uniformes. La confection de lois nouvelles devait consommer l'œuvre révolutionnaire, en faisant pénétrer les principes nouveaux jusqu'au cœur des institutions fondamentales de la société. « Les » lois civiles, dit M. de Barante (*Hist. de la Convention*, t. VI), » atteignent la famille et la propriété; elles réagissent sur » le passé, elles ont à compter avec les habitudes et les sentiments, elles sont aux prises avec tous les intérêts privés, » en un mot, elles composent la constitution d'un peuple » plus réellement que la loi qu'il est d'usage d'appeler ainsi.» Mais le temps manqua à la Constituante pour accomplir sa promesse et s'occuper des lois civiles : ce fut la Convention qui commença l'organisation du droit privé.

La Révolution régénéra la France par les principes de la philosophie et de la conscience; elle eut pour devise l'égalité dans le droit : les anciennes règles sur la transmission et la disposition des biens ne purent subsister. Rien ne resta des anciens priviléges, des anciennes préférences de la société féodale : ni l'âge ni le sexe des enfants, ni la nature ni l'origine des biens, rien de tout cela ne fut considéré dans les successions, et ne put fonder de droits héréditaires particuliers.

La loi du 17 nivôse an II, sans avoir égard à la primogéniture ou à la masculinité, veut que les biens laissés par le défunt soient partagés *également* entre tous ses héritiers : elle proscrit les renonciations à succession par contrat de mariage; elle exige le rapport de ce qui a été donné entre-vifs par le *de cujus* à l'un des cohéritiers; elle prohibe même toute espèce d'avantages préciputaires *en faveur de l'un des* *successibles*, afin d'ôter aux pères de famille un moyen trop facile d'éluder les règles équitables qu'il s'agit de faire prévaloir sur les préjugés aristocratiques. Mais le législateur de l'an II n'a rien plus à cœur que d'assurer la transmission des biens à la famille : s'il admet les aliénations à titre onéreux, qu'il ne pourrait interdire qu'en altérant à la fois le droit de propriété et la liberté des transactions, et qui, au surplus, mettent dans le patrimoine d'autres biens à la place de ceux qui en sortent, il restreint, à l'excès même, les dispositions gratuites, et ne permet de donner aux étrangers qu'un dixième des biens si le disposant laisse des ascendants ou des descendants, et qu'un sixième s'il ne laisse que des collatéraux. A dire vrai, une seule disposition, réellement inique, de la loi du 17 nivôse mérite les reproches tant prodigués à cette loi, c'est celle de l'art. 1*, qui annule *rétroactivement* toutes donations entre-vifs de biens présents ou à venir faites depuis le 14 juillet 1780.

Les donations entre époux furent exceptées de ces rigueurs. Ces donations, les plus légitimes de toutes quand elles sont l'effet libre et spontané de la reconnaissance et de la générosité, prirent un caractère particulier d'utilité par la suppression des gains légaux de survie, tels que l'augment de dot et le douaire. Deux exceptions de faveur furent faites pour elles par la loi de nivôse. D'abord, les articles 13 et 14 maintiennent les libéralités entre conjoints contre la nullité rétroactive prononcée par l'art. 1*. En second lieu, pour l'avenir, les avantages stipulés entre époux, par contrat de mariage ou pendant le mariage, sont permis d'une manière générale, et

peuvent comprendre, soit en jouissance, soit en pleine propriété, tous leurs biens, quelles qu'en soient la nature et
l'origine, meubles ou immeubles, propres ou acquêts, sans
distinction. Les donations faites entre époux pendant le mariage sont irrévocables comme toutes donations entre-vifs : on
ne paraît pas avoir songé aux dangers de la captation. Une
seule restriction est mise aux libéralités entre conjoints, c'est
pour le cas où il existe des enfants : alors ces avantages ne
peuvent dépasser la moitié de l'usufruit des biens laissés par
le donateur. « et, ajoute l'art. 13, s'ils consistent en des dis-
» positions de propriété, soit mobilière, soit immobilière, ils
» seront restreints à l'usufruit des choses qui en seront l'ob-
» jet, sans qu'ils puissent excéder la moitié du revenu de la
» totalité des biens. » Mais aucune réduction de ce genre n'est
admise en faveur des ascendants ou des collatéraux.

La quotité disponible entre époux au cas d'enfants peut être
cumulée avec la quotité disponible ordinaire. Après avoir
donné à son conjoint l'usufruit de la moitié, on peut faire
en outre au profit d'étrangers les libéralités permises par le
droit commun. (Loi du 22 ventôse an II, 6° question. — Loi
du 18 pluviôse an V, art. 6. — S., 1, 1, 110.)

La quotité disponible est la même, quel que soit le mariage d'où sont issus les enfants; l'art. 13 les met tous sur la
même ligne. « Néanmoins, porte-t-il, s'il y a des enfants de
leur union *ou d'un précédent mariage,* etc.... » Les seconds
mariages ne peuvent être vus avec défaveur et entravés par
une législation qui admet le divorce. Aussi croyons-nous que
l'édit des secondes noces fut entièrement abrogé par la loi du

17 nivôse. Il le fut indubitablement pour le premier chef, relatif à la quotité disponible : le texte de l'art. 13 l'indique clairement, et un arrêt de cassation du 8 juin 1808 l'a décidé. Quant au second chef, qui obligeait l'époux binube à réserver à ses enfants du premier lit ce qu'il tenait de la libéralité de son premier conjoint, nous pensons qu'il était compris dans « toutes les lois, coutumes, usages et statuts relatifs à la transmission des biens par succession ou donation, » que l'art. 61 de la loi de nivôse déclare abolis. La loi du 14 septembre 1792 n'avait-elle pas, d'ailleurs, prohibé entièrement les substitutions ?

Les donations entre époux pouvaient être simples ou mutuelles ; elles pouvaient se faire par acte entre-vifs ou par testament. La loi du 17 nivôse ne prescrivait ni conditions ni formes particulières : les règles communes aux donations en général étaient seules applicables aux libéralités entre époux.

II

DROIT FRANÇAIS ACTUEL.

Les donations entre époux devaient être traitées avec faveur par le code Napoléon. Avant le mariage, elles peuvent former une des conditions de l'union projetée, et entrer dans les combinaisons du traité conclu entre les parties : c'eût été

véritablement mettre obstacle au mariage, que de ne pas donner à de pareilles dispositions le plus libre cours. Pendant
le mariage, les libéralités entre époux sont la récompense de
l'affection la plus tendre et des services les plus dévoués. Ces
donations, si légitimes par elles-mêmes, étaient d'ailleurs
nécessaires pour remplacer les gains légaux de survie, le
douaire, l'augment et le contre-augment, ainsi que la quarte
de l'authentique *Prætered*, dont la suppression ne laissait
aux époux de droit réciproque sur leur succession qu'à défaut de tous parents au douzième degré.

Toutes les législations antérieures, sauf la loi du 17 nivôse
de l'an II, avaient distingué les donations entre époux par
contrat de mariage de celles qu'ils se font pendant le mariage,
et, considérant les premières comme des donations ordinaires, entre personnes complétement libres l'une à l'égard de
l'autre, elles ne s'étaient spécialement occupées que des secondes et des dangers qu'elles offrent, tant pour la fortune de
l'époux faible et inconsidéré que pour la dignité du mariage
lui-même. Le code Napoléon a admis la même distinction :
mais il n'a point laissé les donations entre époux par contrat
de mariage sous l'empire du droit commun, il a adopté pour
ces libéralités comme pour celles qui ont lieu pendant le mariage, des règles spéciales et très-favorables; il a permis en
principe aux époux de se faire, par contrat de mariage, les
donations qu'ils jugeront à propos. A l'égard des donations
faites pendant le mariage, et qui peuvent être le résultat
d'entraînements funestes ou de captations coupables, le législateur de 1804, plus prévoyant que celui de l'an II, mais

moins rigoureux que le vieux droit, a trouvé une garantie suffisante dans la faculté pour le disposant de révoquer lui-même sa libéralité.

Au moyen de cette condition de la révocabilité, le législateur a pu permettre entre époux pendant le mariage des libéralités aussi considérables que par contrat de mariage. Le Code a effectivement fixé, pour toutes les donations entre époux ou entre futurs époux, une quotité disponible particulière, plus forte, sauf dans un seul cas, que le disponible ordinaire, indépendante du nombre des enfants du disposant, qui varie seulement suivant qu'il s'agit d'enfants communs au donateur et au donataire, ou d'enfants d'un autre lit.

Notre sujet se divise naturellement en trois chapitres, dans lesquels nous parlerons successivement des donations entre époux par contrat de mariage, des donations entre époux proprement dites, c'est-à-dire faites pendant le mariage, enfin de la quotité disponible entre époux.

CHAPITRE I.

DES DISPOSITIONS FAITES ENTRE FUTURS ÉPOUX PAR CONTRAT DE MARIAGE.

Le Code, après avoir admis, pour les dispositions faites par les tiers au profit des futurs époux dans leur contrat de mariage, certaines dérogations de faveur aux principes ordinaires des donations entre-vifs, en étend l'application aux dispositions entre les futurs eux-mêmes. « Les époux, dit

10

l'art. 1091, pourront, par contrat de mariage, se faire réciproquement ou l'un des deux à l'autre, *telle donation qu'ils
jugeront à propos*, sous les modifications ci-après exprimées. »
Il suit de là que les époux peuvent se faire dans leur contrat
les donations autorisées par les articles 1081-1090 comme
toutes autres, et non-seulement des donations de biens présents, mais encore des donations de biens à venir, des donations cumulatives de biens présents et à venir, des donations
sous condition potestative de la part du donateur. Seulement,
pour les époux, il y a quelques différences qui les font ou
rentrer dans le droit commun ou sortir à la fois de la règle et
de l'exception.

Nous consacrerons une première section à l'exposition de
règles communes à toute donation entre époux par contrat de
mariage; dans une seconde, nous aborderons le détail des
diverses espèces de donations permises entre futurs époux.

SECTION I.

*Règles communes à toutes les dispositions entre époux
par contrat de mariage.*

1° L'article 1088 pose un principe *spécial aux donations
entre époux par contrat de mariage*, mais commun à toutes
les dispositions du pacte matrimonial. Le mineur, d'après le
droit commun incapable de faire aucune donation entre-vifs
(art. 903-904) et d'agir en personne, toujours soumis, d'ailleurs, à l'autorité de son tuteur, peut, par exception, dans

son contrat de mariage, avec le seul consentement et l'assistance de ceux dont le consentement est requis pour la validité
de son mariage, donner à l'autre époux tout ce que la loi
permet au majeur de donner à son futur époux. La loi, en
permettant au mineur de se marier à certaines conditions,
lui a permis, aux mêmes conditions, de faire toutes les conventions et même les donations qui accompagnent cet acte
et sans lesquelles il n'aurait pas lieu le plus souvent. Tel est
l'objet de l'art. 1398, dont l'art. 1095 ne fait que reproduire
une partie : *Habilis ad nuptias, habilis ad pacta nuptialia.*

2° Les donations entre époux par contrat de mariage ne
sont point soumises à la formalité si rigoureuse de l'*acceptation expresse*. Le concours du donataire et du donateur suffit
pour la validité de l'acte. Il faut prendre à la lettre l'art. 1087,
aux termes duquel « les *donations faites par contrat de mariage* ne peuvent être attaquées, ni déclarées nulles, *sous*
PRÉTEXTE *de défaut d'acceptation.* »

3° Les dispositions entre époux par contrat de mariage
sont censées faites à la condition que le mariage se réalisera.
L'art. 1088, qui proclame cette condition pour les donations
faites en faveur du mariage, doit, par une analogie évidente,
s'appliquer aussi aux donations entre futurs époux.

4° La loi a établi, pour les donations entre époux, une
quotité disponible spéciale (art. 1094 et 1098).

5° Les donations entre futurs époux, faites en vue du mariage et de la procréation légitime qui en est le but, ne sont
point révoquées de plein droit par la survenance d'un enfant commun au donateur et au donataire (art. 960). La

révocation n'aurait pas d'ailleurs ici la même utilité qu'entre étrangers, qui est de rendre aux enfants des biens que leur auteur n'aurait point donnés s'il eût pu connaître à l'avance toute la force de la tendresse paternelle, puisque l'enfant commun retrouvera ordinairement dans la succession du donataire ce qui sera sorti du patrimoine du donateur. — Cette considération ne s'applique pas aux enfants nés d'un mariage subséquent. Lorsque le donateur, sans enfants de son union avec le donataire, vient à en avoir d'un autre lit, il pourrait arriver, si la donation n'était pas révoquée par leur naissance, que les biens donnés allassent entièrement, en leur présence, enrichir des collatéraux du douzième degré, héritiers du donataire. Ce serait là un résultat déplorable, que le disposant n'a assurément ni voulu ni prévu. Aussi, dans l'ancien droit, si contraire pourtant à la révocabilité des donations, admettait-on cette révocabilité en faveur des enfants d'un subséquent mariage. Cette doctrine était suivie dès avant l'ordonnance de 1731 (Dumoulin, *de don. in matrim. contractu*, n° 25) et c'est en ce sens que Furgole a interprété l'art. 39 de cette ordonnance, dont notre art. 960 n'est que la reproduction littérale. Cette distinction très-rationnelle, entre la survenance d'enfants communs et celle d'enfants d'une union postérieure, est néanmoins repoussée comme arbitraire par la cour de cassation et par tous les auteurs, à l'exception de Grenier et de Delvincourt. Il faut remarquer, du reste, que cette question de révocation par survenance d'enfants nés d'un subséquent mariage, ne peut se rapporter qu'aux donations de biens présents faites sans condition de survie du do-

nataire, point aux donations de biens à venir ou autres qui
sont caduques par le seul effet du prédécès de ce dernier.

6° Les donations entre époux par contrat de mariage sont
révoquées de plein droit par la séparation de corps prononcée contre le donataire. C'est du moins en ce sens que nous
semble devoir être résolue la question si grave et si contro-
versée de savoir s'il faut appliquer à la séparation de corps
un article du titre du divorce, l'art. 299, ainsi conçu : « Pour
» quelque cause que le divorce ait lieu, hors le cas du con-
» sentement mutuel, *l'époux contre lequel le divorce aura été*
» *admis perdra tous les avantages* que l'autre époux lui avait
» faits *soit par contrat de mariage, soit depuis le mariage con-*
» *tracté.* » Sur cette question, la doctrine nous présente les
auteurs divisés en deux camps à peu près égaux : le même
désaccord a existé dans la Jurisprudence, entre les cours
royales et la cour de cassation, jusqu'à l'arrêt du 23 mai 1845,
par lequel la cour suprême, toutes chambres réunies, répudiant le système suivi par elle depuis trente ans, s'est prononcée, contrairement aux conclusions de M. le procureur-
général Dupin, pour la révocation de plein droit.

La séparation de corps, abolie en 1792 lors de l'introduc-
tion du divorce, ne fut rétablie, en 1804, que pour en tenir
lieu aux personnes pour lesquelles l'indissolubilité du mariage était encore sacrée. Le but du législateur ne fut pas
de créer un double remède aux maux et aux douleurs d'une
union malheureuse, il n'y a aucune trace de cette pensée
dans les travaux préparatoires, mais de mettre le divorce à la
portée des catholiques ; aussi les rédacteurs du Code n'ont-ils

pas traité de la séparation de corps dans un titre particulier, et se sont-ils contentés de l'admettre dans un chapitre du titre du divorce ; et ils ne lui ont consacré que six articles, renvoyant expressément aux règles du divorce pour les *causes* et les *formes* de la séparation de corps, et aussi implicitement pour ses *effets*, sauf la dissolution du mariage et ses conséquences, qui sont exclusivement propres au divorce même. Le Code est à peu près muet sur les effets de la séparation de corps, les trois seuls articles qui s'en occupent contiennent des dispositions sur lesquelles il était indispensable de s'expliquer : l'art. 308 étend au cas de séparation de corps prononcée contre la femme pour adultère, une peine édictée par l'article 298 pour le cas de divorce; la disposition de l'art. 310 est spéciale à la séparation de corps ; enfin, si l'art. 311 n'avait pris soin de dire que la séparation de corps emportera toujours séparation de biens, on aurait pu croire que la dissolution de la communauté, au cas de divorce, tenait à la dissolution du mariage. Où donc, en présence du silence presque absolu du Code à cet égard, où trouver les effets de la séparation de corps, si ce n'est dans les dispositions relatives au divorce, pourvu seulement qu'elles ne soient pas incompatibles avec le maintien du mariage?

Il est vrai que quelques textes épars attribuent, dans des cas particuliers, à la séparation de corps les mêmes effets qu'au divorce : ainsi, aux termes de l'art. 1441, le divorce et la séparation de corps dissolvent la communauté ; aux termes de l'art. 1452, ni l'un ni l'autre ne donne ouverture aux droits de survie; aux termes de l'art. 1463, la femme divorcée ou séparée de corps, qui n'a point accepté la communauté dans les trois mois et quarante jours de sa dissolution, est censée y avoir renoncé. D'où l'on a conclu que les effets du divorce ne sont pas en général ceux de la séparation de corps, puisque la loi a pris ici la peine de s'expliquer sur les résultats identiques de l'un et de l'autre. Mais rien n'indique que ces articles soient limitatifs : ce ne sont que des exemples qui n'excluent pas les autres cas d'assimilation entre les effets du divorce et ceux de la séparation de corps.

Si l'on veut un texte positif pour appliquer à la séparation de corps chacun des effets du divorce, il faut être logique et refuser d'étendre à la séparation les art. 302 et 303, sur l'éducation et la surveillance des enfants mineurs dans le cas de divorce ; cependant personne ne va jusque là, parce qu'il s'agit d'effets qui ne sont pas des conséquences forcées de la dissolution du mariage. Or, telle est la révocation des donations, qui dérive si peu de la dissolution en cas de divorce, qu'elle n'a pas lieu quand il s'opère par consentement mutuel, et qu'elle ne s'applique pas à l'époux qui l'a obtenu. Si les articles 386 et 767, dont le premier enlève l'usufruit légal à l'époux contre lequel a été prononcé le divorce, et dont le second exclut l'époux divorcé de la succession de son conjoint, ne sont pas extensibles au cas de simple séparation de corps, c'est précisément parce que les dispositions de ces articles sont fondées sur la dissolution du mariage, qui est propre au divorce. Lorsque l'union est rompue par le divorce, on se trouve, pour l'attribution de l'usufruit légal, en dehors de l'art. 384, d'après lequel, pendant le mariage, cet usufruit appartient au père, et, *après la dissolution du mariage, au survivant des père et mère.* Après le divorce, il n'y a pas d'époux survivant, mais deux anciens époux vivant encore l'un et l'autre : la loi a tranché la difficulté en donnant l'usufruit à l'époux innocent, et en excluant le coupable. Quant au droit réciproque des conjoints à la succession l'un de l'autre, il doit disparaître pour tous deux avec le titre d'époux auquel il était attaché.

Mais voici deux arguments qui prouvent d'une manière péremptoire que la séparation de corps entraîne de plein droit la révocation des donations faites au conjoint qui a nécessité cette séparation : 1° l'art. 1518, en déclarant que l'époux qui a obtenu la séparation conserve ses droits au préciput conventionnel, fait suffisamment entendre qu'il en est autrement de l'époux contre lequel elle a été prononcée. Or, si cet époux perd de plein droit le préciput, qui est considéré par la loi comme une sorte de convention à titre onéreux, comme une clause de société (art. 1516), comment pourrait-il conserver de pures libéralités, des donations de propres à lui faites par son conjoint? 2° Si la séparation de corps n'avait pas privé de plein droit l'époux coupable des libéralités de son conjoint, l'application de l'art. 310, avant l'abolition du divorce, eût produit un résultat véritablement absurde. D'après cet article, lorsque la séparation de corps, prononcée pour toute autre cause que l'adultère de la femme, avait duré trois ans, l'époux originairement défendeur pouvait obtenir le divorce, si le demandeur originaire ne consentait pas immédiatement à faire cesser la séparation. Or, il serait arrivé,

d'après le système que nous combattons, que l'époux coupable eût conservé ses gains nuptiaux malgré la séparation obtenue contre lui, tandis que l'époux innocent et outragé eût perdu les siens par suite du divorce obtenu contre lui.....
pour quelque cause que ce soit, dit l'art. 299.

La révocation par suite de la séparation de corps étant au fond une déchéance pénale encourue par l'époux coupable, ne doit frapper que lui, et, comme la révocation pour ingratitude, elle ne saurait nuire aux tiers ni préjudicier soit aux aliénations faites par le donataire, soit aux hypothèques ou autres charges réelles qu'il peut avoir imposées sur l'objet de la donation, pourvu que le tout soit antérieur à la publication de la demande en séparation (arg. art. 958); mais le donateur aurait recours contre l'époux ingrat jusqu'à concurrence de son enrichissement.

L'époux donateur a trente ans, à partir du jugement de séparation, pour répéter son bien. Les articles 957 et 1304, qui fixent à un an ou à dix ans le délai de la prescription, ne sont point ici applicables ; ils ont pour objet de déterminer la durée de l'action en nullité à l'égard d'actes révocables ou annulables, tandis qu'il s'agit ici de la revendication de biens compris dans une donation de plein droit anéantie. Quant au donataire, devenu simple détenteur *sans titre* par l'effet de la révocation, il ne peut prescrire par dix ou vingt ans.

Les donations entre futurs époux par contrat de mariage sont-elles révocables, comme les donations ordinaires, pour cause d'ingratitude ?

Cette question est peu importante pour ceux qui admettent la révocation de plein droit par l'effet de la séparation de corps; car les faits déterminés qui constituent l'ingratitude du donataire sont aussi des causes de séparation, et celui qui ne craindra pas de livrer ses chagrins domestiques et ses griefs à la publicité et au scandale d'une instance judiciaire, aimera autant demander la séparation de corps que la simple révocation de ses donations. Cependant il est deux cas dans lesquels la faculté d'obtenir la révocation pour ingratitude ne sera pas inutile, parce que la demande en séparation de corps sera impossible : 1° le cas où, après la séparation déjà prononcée, ce sera l'époux originairement demandeur qui se rendra lui-même coupable d'ingratitude; 2° le cas où le donateur offensé sera mort sans avoir pu encore commencer ou mener à fin l'instance en séparation : ses héritiers pourront alors, en vertu de l'art. 957, agir en révocation pour ingratitude.

Aux termes de l'art. 959, *les donations en faveur de mariage* ne sont pas révocables pour cause d'ingratitude. Notre question se réduit donc à savoir si les donations entre futurs époux sont des donations en faveur de mariage. S'il fallait s'en rapporter à l'art. 960, la difficulté n'existerait pas : cette disposition déclare « révoquées de plein droit par
» la survenance d'un enfant légitime au donateur, qui n'en
» avait aucun lors de la libéralité, toutes donations, même
» *celles en faveur du mariage faites par autres que* par les
» ascendants aux conjoints, ou *par les conjoints l'un à l'au-*
» *tre.* » Il résulterait de là bien évidemment que les dona-

tions entre futurs époux sont des donations faites en faveur
de mariage, si l'art. 960 était moins mal rédigé, et s'il ne
résultait pas tout aussi logiquement de sa disposition que
les donations faites par les ascendants aux conjoints sont
émanées de personnes sans enfants ! — L'art. 1088, qui soumet à la condition de l'accomplissement du mariage toute
donation *faite en faveur du mariage*, doit être appliqué, tout
le monde le reconnaît, aux donations entre futurs époux :
mais l'art. 1088 n'a point été fait pour ces dernières, et ce
n'est là qu'une extension d'analogie. — La vérité est, et la
raison le dit assez, si l'on fait abstraction de textes trop obs-
curs et trop imparfaits pour être décisifs, qu'*il n'y a de donations en faveur du mariage que celles qui sont faites aux
époux ou à l'un d'eux par des tiers* ; ces donations profitent
nécessairement toujours tant aux deux époux à la fois qu'aux
enfants nés ou à naître; elles sont seules réellement faites à
la famille, seules *en faveur du mariage*; révoquer ces donations pour l'ingratitude d'un seul des époux, ce serait briser les espérances de tous deux en détruisant l'harmonie
des conventions matrimoniales; ce serait punir toute la
famille de la faute d'un de ses membres. « Les dona-
» tions en faveur du mariage sont exceptées, disait
» M. Bigot-Préameneu dans son exposé des motifs au Corps
» législatif, parce qu'elles sont destinées aussi aux enfants
» à naître du mariage et qu'ils ne doivent pas être victimes
» de l'ingratitude du donataire. » Bien différentes sont les
donations entre futurs époux, qui ne profitent qu'au donataire et non aux enfants, et qui n'augmentent en rien le pa-

trimoine commun : la révocation de ces donations pour ingratitude n'atteindra que le coupable, qui aura violé en même
temps ses devoirs de donataire et ses devoirs d'époux.

SECTION II.

Des diverses espèces de dispositions entre futurs époux par contrat de mariage.

I. *Donation de biens présents.* — C'est la donation du
droit commun, « soumise, dit l'art. 1092, à toutes les règles
» et formes prescrites pour ces sortes de donations », sauf
les modifications résultant de l'application des règles communes à toutes les donations entre époux par contrat de mariage, et qui sont indiquées dans la précédente section.

Il suit de là que cette donation doit, à peine de nullité,
être faite par acte notarié (art. 931), dans le contrat de mariage ou par un acte exprès indiquant qu'elle a lieu en vue
du mariage; encore dans ce dernier cas, ne jouira-t-elle pas
de la faveur de l'art. 1087, qui ne dispense de l'acceptation
expresse que les donations par contrat de mariage. — Elle
ne peut s'adresser aux enfants à naître du mariage (art. 906
et 1081) ; — elle doit être transcrite, s'il s'agit d'immeubles,
pour être opposable aux tiers; et, si elle se compose d'objets
mobiliers, elle est assujettie à la formalité de l'état estimatif (art. 948), lequel fera connaître exactement le montant de la donation dans le cas de rapport entre cohéritiers
(si l'époux donataire est appelé à la succession de son conjoint, comme collatéral), — pour le calcul à faire des biens
donnés à l'effet de fixer la quotité disponible, — dans le cas

de révocation légale, — dans le cas de réserve d'usufruit par le donateur (art. 950). Muni de l'état estimatif, le donataire pourra se faire livrer tous les effets dont le donateur ne se sera pas immédiatement dessaisi. Si la règle *Donner et retenir ne vaut* n'a pas d'application dans la matière des donations entre époux, cela n'est vrai qu'en ce sens que le donateur aurait pu disposer dans les termes des art. 1082, 1084 et 1086; mais, quand il s'en est tenu à la donation ordinaire de biens présents, il s'est soumis aux conséquences forcées de cet acte, à l'irrévocabilité, pour la garantie de laquelle l'état estimatif sera d'une utilité évidente. Il y a, du reste, dans le Code un article qui, par la place qu'il occupe, prouve invinciblement que les donations entre époux ne sont pas dispensées de la formalité prescrite par l'article 948 ; c'est l'art. 947, qui déclare inapplicables à ces donations les quatre articles précédents, relatifs à la sanction de l'irrévocabilité.

La donation de biens présents, pure et simple et non soumise à des conditions dépendantes de la volonté du disposant, entraîne le dépouillement actuel et irrévocable du donateur, et la transmissibilité des biens donnés aux héritiers du donataire après la mort de ce dernier. A quoi bon dire, comme le fait l'art. 1092, qu'une semblable donation «ne sera » point censée faite sous la condition de survie du donataire » si cette condition n'est formellement exprimée », en d'autres termes, qu'elle ne sera point caduque par le prédécès du donataire? C'est que, dans les pays de droit écrit, par interprétation des lois romaines, on considérait les donations entre époux de biens présents, même faites avant le mariage, comme tacitement subordonnées à la condition de survie : dans les pays de coutumes, au contraire, cette condition n'était pas tacitement présumée; le donateur pouvait seulement l'imposer au donataire. Le Code a préféré le système coutumier. Peut-être aussi le législateur, en disant formellement que la donation de biens présents ne serait pas caduque par le prédécès du donataire, a-t-il voulu faire ressortir une différence importante, qui la distingue des donations de biens à venir. — Il est évident, au surplus, que la condition de survie, suspensive ou résolutoire, insérée expressément dans la donation de biens présents, n'empêche point le dépouillement actuel et irrévocable qui caractérise cette donation : le disposant confère actuellement au gratifié un droit positif, bien qu'éventuel, et véritablement irrévocable puisque l'accomplissement de la condition est entièrement indépendant de sa volonté.

II. *Donation de biens à venir.* — Par faveur pour le mariage, la loi a fait exception à la règle *Donner et retenir ne vaut,* et admis, contrairement à l'art. 943, les donations de biens à venir faites par les tiers aux époux dans leur contrat de mariage, ou par les époux l'un à l'autre. Irrévocable à certains égards, comme la donation de biens présents, mais, comme le testament, ne dépouillant pas immédiatement le disposant, la donation de biens à venir concilie heureusement le besoin de sécurité de l'époux donataire avec le désir que le donateur peut avoir de ne pas abdiquer actuellement son droit de propriété. Ce genre particulier de disposition, déjà en vigueur dans l'ancien droit, et consacré formellement par l'art. 17 de l'ordonnance de 1731, sous le nom d'*institution contractuelle*, n'est plus aujourd'hui qu'une donation entre-vifs portant sur des biens à venir; aussi les art. 1082 et 1083, qui sont le siége de la matière, ne parlent-ils que de donations et de donataires, jamais d'institutions ou d'héritiers institués, et c'est par les principes des donations, non par ceux des successions ou des testaments, qu'il faudrait suppléer à l'insuffisance des règles spéciales : ainsi, dans le cas où la quotité disponible aurait été dépassée, la donation de biens à venir ne devrait être réduite qu'à sa date, et après l'entier épuisement des dispositions testamentaires.

La donation de biens à venir, doublement exceptionnelle, dérogeant à la fois au principe de l'art. 943, qui ne permet de disposer entre-vifs que de biens présents, et à celui de l'art. 1130, qui prohibe tout pacte sur succession future, ne peut être faite que *par contrat de mariage*, aux termes mêmes de l'art. 1082, ou dans une contre-lettre rédigée en conformité de l'art. 1396. — Elle n'est point soumise, comme la donation de biens présents, aux formalités de la transcription et de l'état estimatif.

La donation de biens à venir ne doit pas nécessairement être universelle ou à titre universel. L'art. 1082 permet *de disposer en tout ou en partie des biens qu'on laissera à son décès;* or, celui qui dispose d'objets particuliers, dispose aussi bien d'une *partie* de sa fortune que celui qui en donne le quart ou le tiers. Une telle donation se rapprochera du simple legs particulier, comme la donation universelle ressemble au legs universel.

Dans l'institution contractuelle, il faut distinguer le titre et l'émolument : le titre est irrévocable ; quant à l'émolument, il est incertain jusqu'au décès du disposant, puisque la donation ne porte que sur les biens à venir et est subordonnée à la survie du gratifié (rapport de M. Jaubert au Tribunat). Dumoulin disait : *Dispositio statim ligat, nec suspenditur, sed executio habet tractum.* Le disposant ne peut pas révoquer sa libéralité, en ce sens qu'il ne peut plus disposer, à titre gratuit, des objets donnés, si ce n'est pour des sommes modiques, à titre de récompense ou autrement (art. 1083) ; mais il n'est pas dessaisi de la propriété de ses biens et reste aussi libre qu'auparavant de l'aliéner à titre onéreux ; il se trouve en face de l'institué à peu près dans la même position que vis-à-vis de réservataires, qui ne pourraient également critiquer ses actes à titre onéreux : il peut, pourvu qu'il agisse de bonne foi, hypothéquer ses immeubles ou les grever de servitudes, vendre chacun d'eux ou la masse entière de ses biens, soit pour un prix une fois payé, soit pour une rente perpétuelle ou viagère ; il ne pourrait même pas renoncer à ces droits par une clause formelle, car ce pacte sur une succession future serait en dehors de l'exception écrite dans les art. 1082-1083. Le donateur peut, du reste, satisfaire pleinement sa générosité à l'égard du donataire, en lui faisant une donation de biens présents avec réserve d'usufruit seulement.

Si le donataire de biens à venir n'est plus aujourd'hui un véritable héritier institué, c'est du moins, en ce qui concerne l'ouverture de son droit, une sorte de légataire qui doit exis-

ter au décès du disposant, et qui ne recueillera quelque profit de la disposition que si celui-ci laisse quelque bien dans
sa succession. Le gratifié trouve dans l'institution contractuelle une vocation certaine; mais la transmission de propriété ne s'opère qu'au moment où les biens prennent le caractère de biens héréditaires, et elle n'a point lieu, comme
l'ouverture d'un simple droit conditionnel, avec effet rétroactif au jour de la constitution. Ce n'est qu'à dater du décès du
disposant, que les biens compris dans l'institution sont atteints
par les hypothèques générales qui grèvent les immeubles
propres du donataire : ce dernier, comme l'héritier réservataire, ne peut prendre à l'égard des mêmes biens aucune mesure conservatoire, et n'a pas le droit de faire révoquer, pendant la vie du donateur, les aliénations à titre gratuit.

Devenu propriétaire, au décès, des biens non aliénés à titre
onéreux, il n'est cependant pas saisi de plein droit, du moins
en principe : l'art. 723, qui attribue la saisine aux héritiers
légitimes, ne s'applique pas au donataire de biens à venir;
mais, comme le légataire universel, qui n'est également qu'un
successeur aux biens, le donataire universel de biens à venir
doit être saisi de plein droit lorsqu'il n'y a pas d'héritiers à
réserve; l'authenticité et l'irrévocabilité de son titre sont des
arguments *à fortiori* pour lui appliquer l'art. 1006 et le dispenser de la demande en délivrance. Au surplus, le donataire de biens à venir peut toujours répudier l'institution,
quand même il l'aurait acceptée dans son contrat de mariage
(arg. art. 1088). Que s'il l'accepte, il doit payer les dettes :
non sunt bona nisi deducto œre alieno; mais il n'est pas tenu

11

ultra vires successionis, parce qu'il n'est point le continuateur de la personne du disposant.

La loi ne s'est pas contentée, dans l'art. 1082, d'autoriser les donations de biens à venir par contrat de mariage : elle a admis en faveur du mariage une seconde dérogation au droit commun, en permettant aux tiers qui font aux époux de telles donations, de les *adresser aux enfants à naître de leur mariage,* pour le cas où le donateur survivrait à l'époux do-nataire. Il y a plus : pareille donation, ajoute l'art. 1082, quoique faite au profit seulement des époux ou de l'un d'eux, sera toujours, dans ledit cas de survie du donateur, *présumée* faite au profit des enfants et descendants à naître du ma-riage. — Cette exception au principe de l'art. 906, qui dé-fend de donner aux personnes non conçues, écrite pour les donations faites par les tiers aux futurs époux, ne concerne pas celles qu'ils se font eux-mêmes l'un à l'autre par contrat de mariage; et, non-seulement la donation de biens à venir faite entre futurs époux n'est pas présumée faite au profit des enfants à naître de leur union dans le cas de prédécès du donataire, mais ces enfants ne pourraient pas même être ap-pelés expressément à recueillir l'institution. « La donation » de biens à venir, faite entre époux par contrat de mariage, » porte l'art. 1093, ne sera point *transmissible* aux enfants » issus du mariage, en cas de décès de l'époux donataire » avant l'époux donateur. » Lorsque le donateur est un tiers, il importe que les biens donnés passent aux enfants de l'é-poux donataire, après la mort de ce dernier, sans quoi l'ins-titution contractuelle ne serait qu'un médiocre encourage-

ment au mariage; au contraire, lorsqu'il s'agit d'une donation
entre époux, cette transmissibilité serait peu avantageuse
pour les enfants, qui retrouveront les biens dans la succession du donateur, tandis que le retour de ces biens à l'époux
resté veuf sera pour lui une sorte de compensation de la perte
de son époux.

III. *Donation cumulative de biens présents et à venir.* —
La donation de biens à venir, plus avantageuse que celle de
biens présents pour le donateur, à qui elle laisse la liberté
de disposer à titre onéreux, offre au donataire moins de sécurité. La loi a admis, par une nouvelle faveur pour le mariage, une combinaison, imaginée dans les pays de coutumes,
et consacrée par l'ordonnance de 1731, qui réunit les avantages de ces deux sortes de donations, la donation cumulative
de biens présents et à venir.

Ce n'est pas le simple assemblage de deux donations distinctes ayant pour objet, l'une les biens présents, l'autre les
biens à venir du donateur, et réglés chacune par ses règles
propres; c'est une disposition unique, c'est la donation de
biens à venir elle-même, mais avec faculté pour le donataire
de la transformer, au décès du donateur, en une donation
des biens présents lors du contrat. Si, au jour du décès, la
succession du disposant a moins de valeur que les biens existants au moment de la donation, le gratifié optera pour cette
transformation. Il pourra demander la restitution ou le dé-
laissement des immeubles présents compris dans la donation
et aliénés depuis, soit à titre onéreux, soit à titre gratuit par
le donateur; mais, comme il devra payer les dettes de celui-ci à

l'epoque de la disposition, la loi exige (art. 1084) qu'il soit annexé à l'acte de donation un état de ces dettes et charges, sans quoi le donataire serait obligé, dit l'art. 1085, d'accepter ou de répudier la donation pour le tout, c'est-à-dire comme donation pure de biens à venir. Le donataire doit avoir eu soin de faire dresser aussi un état estimatif des meubles présents, comme le veut l'art. 948, pour que la donation puisse valoir à leur égard en tant que donation de biens présents, même contre les héritiers du donateur : à défaut de cet état, elle ne produirait effet que pour les immeubles, et ce ne serait qu'en acceptant la libéralité en entier, comme simple donation de biens à venir, que le donataire aurait droit aux meubles. A l'égard des immeubles eux-mêmes, la transcription est nécessaire, pour que le donataire, transformant la donation cumulative en donation de biens présents, puisse revendiquer contre les tiers acquéreurs les biens aliénés à titre onéreux depuis le jour du contrat.

Lorsque le donataire trouve la succession du donateur plus considérable que ne l'étaient les biens présents au jour du contrat, et qu'il l'accepte en entier, tout se passe comme dans le cas d'une simple donation de biens à venir : le donataire en supporte, *intrà vires*, toutes les dettes et charges, et il ne peut critiquer que les aliénations faites à titre gratuit et prohibées par l'art. 1083.

La donation de biens présents et à venir, irrévocable quant au titre comme la simple donation de biens à venir, moins incertaine seulement que celle-ci quant à son émolument, puisque le gratifié peut toujours en faire une donation de biens

présents, reste toujours subordonnée, quant à son ouverture, à la condition que le donataire survivra au donateur
(art. 1089); et, comme la donation de biens à venir entre
futurs époux, à la différence d'une pareille donation faite
aux époux ou à l'un d'eux par un tiers, elle n'est pas transmissible, en cas de prédécès du donataire, même par une
clause expresse, aux enfants à naître du mariage. L'art. 1093
l'explique formellement.

IV. *Donations sous conditions potestatives.* — En principe,
toute donation entre-vifs faite sous une condition dépendante de la volonté du donateur est nulle, et il en est ainsi,
non-seulement lorsqu'aucun lien de droit n'a été formé,
comme il doit l'être pour toute obligation, mais encore lorsque le donateur, quoique à la rigueur maître de la condition, n'est cependant plus aussi libre après le contrat qu'auparavant, quand, par exemple, il a donné, pour le cas où il
se marierait, ou il construirait une maison. De telles conditions, quoique non purement potestatives, sont incompatibles avec l'irrévocabilité, qui est un des caractères essentiels
de la donation entre-vifs. Tel est le sens de l'art. 944 : mais
les donations par contrat de mariage sont dispensées de la
règle *Donner et retenir ne vaut*, et, comme les conventions
ordinaires, elles admettent des conditions dont le disposant
pourrait, jusqu'à un certain point, suivant sa volonté, produire ou empêcher l'accomplissement.

Ainsi, les époux peuvent se faire une donation l'un à
l'autre, « à condition, dit l'art. 1086, de payer indistincte-
» ment toutes les dettes et charges de la succession du do-

» nateur, ou sous d'autres conditions dont l'exécution dé-
» pendrait de sa volonté;..... le donateur peut encore se
» réserver la liberté de disposer d'un effet compris dans la
» donation de ses' biens présents, ou· d'une somme fixe à
» prendre sur ces mêmes biens; et, dans ce cas, l'effet ou la
» somme, s'il meurt sans en avoir disposé, sont censés com-
» pris dans la donation et appartiennent au donataire ou à
» ses héritiers. »

La donation faite dans les termes de l'art. 1086, suspendue
par une condition potestative de la part du donateur, ou avec
réserve du droit de disposer de certains objets, n'est point
une véritable donation de biens présents , naturellement
transmissible aux héritiers du donataire en cas de prédécès
de celui-ci; c'est une espèce de donation particulière , que
l'art. 1089 met à côté de la donation de biens à venir et de
la donation de biens présents et à venir, éventuelle comme
ces dernières quant à son objet, et comme elles caduque au
cas de survie du donateur.—Du reste, la donation faite sous
condition potestative par les tiers aux époux dans le contrat
de mariage peut être étendue aux enfants à naître, pour ce
cas de survie du donateur. C'est ainsi qu'il faut comprendre
les premiers mots de l'art. 1086, qui ne sont évidemment
que la reproduction en d'autres termes de l'art. 18 de l'ordonnance de 1731, ainsi conçu : « Entendons que les dona-
» tions de biens *présents*, faites à condition de payer indis-
» tinctement les dettes et charges,..... ou sous d'autres con-
» ditions dont l'exécution dépendrait etc.. , puissent avoir
» lieu, dans les contrats de mariage, en faveur des conjoints

» et de leurs descendants, par quelques personnes, etc. »
Mais cette exception à la règle d'après laquelle une donation
ne peut être faite qu'aux personnes conçues, ne s'applique
qu'aux donations adressées par les tiers aux époux, et non
aux dispositions entre futurs époux. On peut d'ailleurs argumenter en ce sens de l'article 1093 combiné avec l'article 1089.

Comment expliquer les derniers mots de l'art. 1086, qui
dit que le bien réservé dont le donateur n'a pas disposé restera au donataire (s'il survit) ou à ses *héritiers* (s'il prédé-
cède), quand l'art. 1089 déclare la donation caduque par le
prédécès du donataire ou de sa *postérité?* — C'est, suivant
l'explication la plus plausible, que la caducité ne peut ra-
tionnellement avoir lieu que pour les donations faites sous
une condition suspensive dépendante de la volonté du donateur, et qui n'ont encore produit aucun effet au profit de la
personne même que le disposant a voulu gratifier quand cette
personne vient à mourir; — point pour les donations qui
produisent immédiatement leur effet, et qui, simplement
résolutoires sous une condition potestative, se transmettent
non-seulement à la postérité du donateur, mais à tous ses
héritiers, tant que la condition résolutoire ne s'est pas accomplie. Or, c'est d'une donation faite sous condition résolutoire
qu'il s'agit dans le dernier alinéa de l'art. 1086. Furgole,
commentant l'ordonnance de 1731, s'exprimait ainsi à ce sujet : « La chose à l'égard de laquelle la faculté de disposer
» est réservée fait partie des biens donnés; le droit en est ac-
» quis au donataire du jour de la donation, sauf que ce droit

» peut être résolu sous condition, c'est-à-dire si le donateur
» en dispose. Ce n'est pas une disposition à cause de mort
» qui deviendrait caduque par le prédécès du donataire. »

Lorsque la condition imposée au donataire de biens présents est de payer toutes les dettes que le donateur pourra
contracter, le donataire est tenu d'accomplir cette condition,
s'il n'aime mieux renoncer à la donation et restituer les biens
qu'il a reçus.

CHAPITRE II.

DES DISPOSITIONS ENTRE ÉPOUX PENDANT LE MARIAGE.

Les dispositions entre époux proprement dites, celles qui
se font pendant le mariage, sont traitées par le code Napoléon avec un laconisme regrettable, qui a permis à ses interprètes de mettre en question les points fondamentaux mêmes
de la matière. Ainsi qu'on le voit par l'examen des travaux
préparatoires, le législateur, entièrement favorable aux libéralités entre époux en général, après avoir établi pour eux
une quotité disponible particulière, ne s'est occupé spécialement des donations faites entre conjoints pendant le mariage
que pour en prévenir les dangers propres, en les déclarant
toujours révocables. Les articles 1096 et 1097, les seuls relatifs à ces donations, ne font que sanctionner le principe de la
révocabilité qu'ils posent, en dispensant la femme de l'autorisation maritale pour révoquer les donations par elle faites à
son mari, et en défendant aux époux de se faire aucune donn-

tion réciproque par un seul et même acte. L'art. 1096 ajoute
une disposition qui s'explique d'elle-même par le but du
mariage, et qui est commune à toutes les donations entre
époux, soit par contrat de mariage, soit pendant le mariage
(art. 960) : c'est qu'elles ne sont point révoquées de plein
droit par la survenance d'enfants.

Il suit de là que les époux peuvent, comme toutes personnes, disposer l'un au profit de l'autre, soit par acte entre-
vifs, soit par testament, en se renfermant, bien entendu, dans
les limites de la quotité spécialement fixée pour eux par les
articles 1094 et 1098, et sauf la révocabilité pour les donations entre-vifs. « Toutes personnes, dit l'art. 902, peuvent
» disposer et recevoir, soit par donation entre-vifs, soit par
» testament, excepté celles que la loi en déclare incapables. »
Les donations entre époux sont même privilégiées, et affranchies de la rigueur de la règle *Donner et retenir ne vaut.*
Quoique le Code ne permette pas par un texte exprès aux
conjoints de se faire pendant le mariage « toutes les donations
qu'ils jugeront à propos, » comme il le fait pour les *futurs*
époux par l'art. 1091, ces donations peuvent comprendre,
non-seulement des biens présents, mais encore des biens à
venir, des biens présents et des biens à venir cumulativement, ou enfin des biens présents avec des conditions potestatives. L'art. 947, en effet, excepte de la prohibition prononcée par les dispositions précédentes (art. 943 à 946), les
donations dont il est mention aux chapitres VIII et IX : or, le
chapitre IX s'occupe des donations entre époux, soit pendant
le mariage, soit par contrat de mariage. Mais ces donations

exceptionnelles ne sont pas extensibles aux enfants à naître : ce n'est qu'autant qu'elles ont été conférées par les tiers aux époux dans leur contrat de mariage qu'elles sont exemptées de la règle qui défend de donner aux personnes non conçues.

On a prétendu que la donation entre-vifs est interdite entre époux pendant le mariage. Suivant certains auteurs, la révocabilité attachée par la loi aux donations permises en altère l'essence, et les transforme en donations à cause de mort, que leur nature de contrat empêche de confondre avec les legs, mais qui doivent en suivre les règles pour la capacité, la réduction et la caducité. A vrai dire, les principales difficultés de la matière dépendent de la solution à donner à la question capitale de savoir quelle est la nature de la donation permise entre époux par le premier alinéa de l'art. 1096, et quelle est, sur le caractère de cette donation, l'influence de la révocabilité admise par la loi. Nous examinerons d'abord cette question avec la série de celles qui s'y rattachent; nous nous occuperons ensuite de la révocation et de ses effets.

SECTION I.

De la nature des donations révocables. — Conséquences.

Nous terminions l'exposé des donations *inter virum et uxorem* d'après le droit romain, en concluant que le sénatus-consulte d'Antonin Caracalla, qui confirmait les donations entre-vifs non révoquées par l'époux donateur, ne les avait pas transformées en donations *mortis causâ*; qu'elles paraissaient, tout au plus, avoir emprunté à ces dernières quelques-unes de leurs effets. C'est bien moins encore comme donations à cause de mort que le code Napoléon a admis les donations entre époux, puisqu'il ne reconnaît que deux formes de dispositions à titre gratuit, la donation entre-vifs et le testament (art. 893). L'art. 1096, par ces mots *quoique qualifiées entre-vifs*, semble moins parler d'une qualification donnée par les parties à l'acte que de celle qu'il lui applique lui-même ; à moins que, suivant l'interprétation de M. Demolombe, cet article n'ait eu pour but d'imprimer souverainement à la donation entre époux le caractère de révocabilité, « de telle sorte que l'époux donateur n'y pût porter atteinte par aucune renonciation directe ou indirecte, par aucune qualification quelconque, comme celle de donation entre-vifs. » — La révocabilité n'a d'ailleurs rien de contraire à l'essence de la donation entre-vifs, et ne suffirait pas pour la convertir en donation à cause de mort. En principe, les parties peuvent régler leurs contrats comme elles l'entendent, et convenir qu'ils seront résolubles unilatéralement ou soumis à une condition dépendante de la volonté de l'une d'elles, nous ne disons pas de son caprice et de son bon plaisir. L'obligation, qui est absolument nulle, faute de lien, aux termes de l'art. 1174, c'est celle dont la condition consiste *in mera voluntate debitoris : nulla promissio consistere potest quæ ex voluntate promittentis statum capit.* Mais, du moment qu'il existe un lien quelconque, l'engagement est formé quand même il ne serait *pas impossible* au promettant de faire défaillir la condition à l'accomplissement de laquelle est subordonné l'obligation. Ces principes, communs à tous les contrats, semblent, d'après la nature des choses, plus spécialement applicables aux donations, à de pures libéralités : aussi est-ce réellement par exception que le Code a proclamé l'irrévocabilité absolue des donations entre-vifs ordinaires, à l'exemple des coutumes qui, en haine des dispositions à titre gratuit, avaient épuisé les dernières conséquences de la maxime *Donner et retenir ne vaut.* « L'esprit de notre droit » français, dit Pothier (*Donat. entre-vifs*, sect. 2, art. 2), in- » cline à ce que les biens demeurent dans les familles, et » passent aux héritiers..... C'est pour cela que nos lois ont » ordonné qu'aucun ne pût valablement donner qu'il ne se » dessaisît, dès le temps de la donation, de la chose donnée, » et qu'il ne se privât pour toujours de la faculté d'en dis- » poser; afin que l'attache naturelle qu'on a à ce qu'on pos- » sède, et l'éloignement pour le dépouillement, détournât » les particuliers de donner. »— Mais il ne faudrait pas croire que la révocabilité attachée par la loi aux donations entre époux, soit de la même nature que celle des donations à cause de mort et des dispositions testamentaires, ni que la loi ait entendu que celui qui contracte un engagement actuel et po- sitif ne doit pas être lié autrement que celui qui prépare seul et tient secret un simple projet de disposition. Non, dans le vœu du législateur, la révocabilité des donations entre époux n'est pas une pure satisfaction donnée à l'injuste fantaisie du donateur : la loi n'a pas voulu dire qu'entre époux la pro- messe n'engage point, la parole donnée ne lie pas, la foi n'est rien ! Si telle eût été sa pensée, elle ne se serait pas contentée de dire que les donations entre époux seraient révocables, elle les eût confondues avec les legs; elle n'eût point distingué, dans l'art. 1097, les donations par actes entre-vifs des donations testamentaires : elle eût interdit purement et simplement aux époux les donations entre-vifs.

Voici le sens de la révocation permise. Elle est de la même nature que la révocation ordinaire des donations en général : ses causes sont également l'inexécution des charges imposées au donataire, un vice dans le consentement du donateur, l'ingratitude du donataire. Seulement les entraînements, les séductions, la violence morale seront une suite fréquente de la vie commune entre les époux; ou bien l'ingratitude du donataire se produira par des faits qu'on ne pourrait publier sans douleur pour l'époux outragé, sans déshonneur pour la famille, sans scandale pour la morale publique. Par ces considérations, la loi a affranchi l'époux donateur de la nécessité d'intenter en justice une action révocatoire, et elle l'a fait lui-même juge d'une question que lui seul peut juger. S'il peut arriver quelquefois en fait que la révocation, ainsi abandonnée à l'appréciation du donateur, sans autre garantie que sa conscience, ait lieu sans motif légitime, c'est un danger que le législateur ne pouvait prévenir qu'en sacrifiant, avec le secret sur les motifs de cette révocation, toute espèce de révocabilité.

Ainsi donc la donation entre époux, pour être révocable, n'en est pas moins une véritable donation entre-vifs. L'article 1096 permet-il d'en douter, lorsqu'il dit que cette donation n'est point révoquée par la survenance d'enfants, ce qui ne peut s'entendre que d'un acte qui produit ses effets immédiatement et avant la mort du disposant? L'art. 1097 n'est-il pas assez clair, lorsqu'il défend aux époux de faire, l'un au profit de l'autre, des dispositions gratuites dans un seul acte, soit *entre-vifs*, soit par testament? Et il n'y a aucune distinction à faire entre la donation de biens présents et celle de biens à venir : la donation de biens à venir, faite entre époux pendant le mariage, confère au donataire à peu près les mêmes droits que l'institution contractuelle faite sous des conditions dépendantes de la volonté du disposant ; et ce n'est pas seulement des biens présents que la loi permet aux époux de se donner entre-vifs (art. 947, 943 et 1090 combinés). Toute disposition entre-vifs faite par les époux l'un au profit de l'autre est une véritable donation, soumise seulement à une condition résolutoire de révocation. Il résulte de là des conséquences importantes, relativement aux formes et aux effets de cette donation.

1. *De la forme des donations entre époux pendant le mariage.* — Ces donations sont assujetties aux formes ordinaires des donations entre-vifs. Ainsi, elles doivent être passées devant notaires, et il doit en rester minute, sous peine de nullité (art. 931) : elles ne sont point, comme les donations par contrat de mariage, dispensées de la formalité de l'acceptation expresse (art. 932, 1087). — Lorsqu'elles ont pour objet des *biens présents*, susceptibles d'hypothèques, elles sont soumises à la nécessité de la transcription. L'accomplissement de cette formalité n'ôtera pas sans doute au donateur son droit de révocation, ni le pouvoir de conférer

à des tiers des droits réels quelconques sur les biens donnés ; mais, grâce à la transcription, les immeubles ne pourront être saisis et vendus par les créanciers simplement chirographaires du donateur, et ils ne seront point atteints par les hypothèques légales ou judiciaires que les tiers pourront acquérir sur ses biens. Le fait que le donateur a contracté des obligations postérieurement à la donation, ou que des hypothèques sont venues contre son vœu grever ses biens, ne saurait constituer une révocation. — L'état estimatif, s'il s'agit d'effets mobiliers, sera également indispensable au donataire pour repousser la saisie des créanciers chirographaires, au donateur pour recouvrer, en cas de révocation, tous les meubles dont il aura disposé.

L'art. 1097 défend aux époux de se faire, pendant le mariage, fût-ce entre-vifs, aucune donation mutuelle ou réciproque par un seul et même acte. Il étend à toutes les formes de libéralités entre époux pendant le mariage la règle déjà établie par l'art. 968 pour les testaments, afin de prévenir les difficultés qui naîtraient sur la question si diversement résolue par les parlements, de savoir si l'un des deux donateurs pourrait révoquer sa libéralité sans le consentement de l'autre. Cet unique motif de la prohibition portée par l'art. 1097 prouve qu'il ne s'applique pas à deux donations que les époux se feraient l'un à l'autre successivement et par actes séparés, quoique devant le même notaire et les mêmes témoins.

Aucun texte ne prohibe les dons manuels entre époux : aussi, quelque contraires qu'ils puissent être à la faculté de

révocation, il n'existe aucun moyen juridique de les prescrire. Du reste, la loi la plus positive serait impuissante à les
empêcher.

II. *Effets de la donation entre époux.* — La donation entre
gens mariés, véritable donation entre-vifs, produit, sous la
condition résolutoire de révocation qui l'affecte, les effets ordinaires aux dispositions de ce genre. Si elle est de biens
présents, elle saisit, immédiatement et sans tradition, le donataire de la propriété de ces biens; et il la conserve tant
que son droit n'a pas été révoqué pour captation ou ingratitude. Si la donation est de biens à venir, ou de biens présents et à venir, ou faite sous conditions potestatives pour
le donateur, elle confère au donataire un droit qui, pour
être éventuel quant à l'objet et révocable quant au titre,
n'en est pas moins véritable, fondé sur une convention et
bien différent de la simple espérance d'un légataire, puisque
le donateur, loin de pouvoir briser à son gré le contrat qui le
lie, ne peut révoquer en conscience sa libéralité que pour
l'une des raisons graves laissées à son appréciation.

Ces principes posés, nous pouvons en déduire les conséquences suivantes :

1° L'époux mineur ne peut faire à son conjoint, pendant
le mariage, aucune donation, soit de biens présents, soit de
biens à venir. Il ne peut disposer que par testament, et de
la moitié seulement de ce dont il pourrait disposer s'il était
majeur : encore faut-il pour cela qu'il ait seize ans.

2° La capacité de donner ou de recevoir n'est exigée chez
les parties qu'au moment de la formation du contrat, de l'au-

ceptation de la donation, à moins qu'il ne s'agisse de biens
à venir, auquel cas le donataire doit exister jusqu'au décès
du donateur. Cela résulte des art. 1092 et 1093, et l'art. 1089
contient une disposition conforme.

3° La femme mariée sous le régime dotal ne peut disposer
de ses immeubles dotaux au profit de son mari que par testament. Une donation entre-vifs de biens présents l'oblige-
rait naturellement à ne pas révoquer sans motifs sérieux sa
libéralité. Une donation de biens à venir lui imposerait également l'obligation naturelle de ne pas dépouiller son mari
donataire pour appliquer les biens dotaux à l'établissement
de ses enfants, et serait ainsi contraire aux intérêts de la famille que le régime dotal a pour but de sauvegarder.

4° L'époux donataire, saisi par l'effet même de son acceptation, devient immédiatement propriétaire des biens présents, qui dès lors ne peuvent, sauf, bien entendu, le cas de
fraude (art. 1167), être saisis par les créanciers chirographaires du donateur, ni compris dans les hypothèques légales ou judiciaires postérieures à la transcription de la
donation. S'il s'agit de biens à venir, le donataire est pareillement saisi du droit, éventuel il est vrai, mais pourtant immédiat, que lui confère la donation ; mais il ne faut pas
confondre cette saisine conventionnelle avec la saisine héréditaire, qui dispense seule de la demande en délivrance et
qui ne saurait appartenir qu'au donataire universel de biens
à venir comme elle appartient au légataire universel, lorsqu'il n'y a pas d'héritiers à réserve.

5° La donation de biens présents entre époux n'est pas

12

caduque par le prédécès du donataire. S'il en était autrement à Rome et dans les pays de droit écrit, c'est que la donation entre époux, nulle en principe, validée seulement
par la mort du donateur survenue avant toute révocation de
sa part, *mettant toute la vie du donateur à se parfaire* et assimilée à la donation à cause de mort, ne conférait au donataire la saisine qu'au décès du donateur. Le système de
notre Code est précisément inverse : la donation entre
époux est valable par elle-même ; au lieu d'être soumise à la
condition *suspensive* de la confirmation, elle est simplement
subordonnée à une condition *résolutoire* de révocation. Son
effet est, en conséquence, immédiat, sauf révocation. — Il
n'en est pas ainsi des donations de biens à venir : le droit
qu'elles confèrent saisit immédiatement le donataire ; mais
ses effets ne se réalisent qu'au décès du donateur et après
que l'ouverture de la succession a fait connaître les biens
auxquels il peut s'appliquer. Or, il faut que le donataire
existe à l'époque de cette ouverture : il ne suffit pas qu'il ait
reçu son titre, il faut qu'il en puisse recueillir lui-même le
bienfait, qui est essentiellement personnel. Souvent les donations de biens à venir ont pour objet une quote-part du patrimoine du donateur : le donataire, pour être ainsi le successeur à titre universel de ce dernier, doit lui survivre ; son
prédécès entraînerait la caducité de la donation.

Les articles 1092 et 1093, par leurs dispositions rappro-
chées, montrent bien que la question de savoir si telle donation entre époux devient ou non caduque par le prédécès du
donataire, doit se résoudre *d'après la nature des biens* qui en

sont l'objet, et non pas, comme l'ont pensé certains auteurs, d'après sa révocabilité ou son irrévocabilité, puisque la donation de biens à venir, caduque aux termes de l'art. 1093 par le prédécès de l'époux donataire, n'est pas moins irrévocable, quant au titre que la donation de biens présents, non caduque aux termes de l'art. 1092. Arrière donc l'argument qui consiste à dire que le Code, repoussant la caducité dans le cas de l'art. 1092, où il s'agit d'une donation irrévocable, a gardé le silence à cet égard dans le cas de l'art. 1096, en ce qui concerne des donations révocables! Arrière l'argument d'après lequel l'art. 1093, déclarant caduques par le prédécès du donataire deux sortes de donations irrévocables quant au titre, doit s'appliquer, à plus forte raison, à des donations essentiellement révocables! et celui qui, s'appuyant sur les art. 1086, 1089 et 1093 combinés, conduit à dire que les donations faites sous condition potestative, c'est-à-dire *facilement* révocables, étant caduques par le prédécès du donataire, il doit en être de même *à fortiori* des donations que l'article 1096 déclare *toujours* révocables! — Tous ces arguments concluent de la révocabilité à la caducité.

Mais pourquoi le Code n'a-t-il pas déclaré expressément non caduque une donation qui était caduque dans l'ancien droit, quand l'art. 1092, qui ne faisait pourtant que reproduire les anciens principes du droit coutumier, a cru devoir, à cause des principes contraires du droit écrit, déclarer formellement affranchies de la condition de survie des donations auxquelles leur caractère seul assurait ce privilège? Comment la loi, si inutilement explicite, serait-elle si mal à propos incomplète? Il est aisé de résoudre cette difficulté. Le législateur, pour avoir fait une disposition inutile dans l'art. 1092, n'était pas tenu d'en faire une seconde dans l'art. 1096. Dans le système nouveau, tel qu'il était organisé par le Code par rapport aux donations entre époux, les donations à cause de mort étant exclues par l'art. 893, à quoi bon faire un texte exprès pour rejeter la caducité, qui y était attachée? La caducité en cas de prédécès du donataire n'était-elle pas écartée par cela seul qu'elle n'était pas formellement rétablie? L'art. 1092, surabondamment écrit dans la loi, peut former opposition à l'art. 1093 qui le suit immédiatement, mais non pas à notre article 1096 : s'il déclare que la donation DE BIENS PRÉSENTS *par contrat de mariage* n'est pas soumise à la condition de survie, ce n'est pas pour subordonner à cette condition la donation de biens présents *faite pendant le mariage*, mais plutôt celle de BIENS A VENIR faite également par contrat de mariage. On ne saurait évidemment, par un argument *à contrario* aussi incertain, conclure du silence du Code le rétablissement des anciens principes, quand ces principes ont été formellement abolis par l'art. 893, qui ne reconnaît que deux manières de disposer à titre gratuit.

Au reste, si le prédécès du gratifié ne fait pas nécessairement tomber la donation de biens présents, l'époux donateur conserve toute sa vie le droit de la révoquer. L'exercice de ce droit présente alors plus d'inconvénients et risque de léser des héritiers de bonne foi. Cette position précaire qui leur est faite est un des arguments invoqués dans le sens de la caducité; mais il faut convenir que c'est une étrange façon de les protéger que de les dépouiller immédiatement et en tout cas, pour leur épargner la peine d'une révocation postérieure et éventuelle.

6° La donation entre époux, lorsque la réserve est entamée, n'est réductible que selon sa date et après épuisement de toutes les dispositions faites postérieurement par acte entre-vifs ou par testament; et il n'y a pas lieu, suivant nous, de distinguer sous ce rapport entre la donation de biens présents et celle de biens à venir. Ce point, toutefois, n'est pas sans difficulté. Les auteurs qui voient dans la donation entre époux une vraie donation entre-vifs, reconnaissent, en ce qui concerne la donation de biens présents, que, si elle est toujours révocable aux termes de l'art. 1096, on ne peut considérer comme une révocation tacite le seul fait du donateur d'avoir, par des libéralités postérieures, excédé la quotité disponible, lorsque ces libéralités ne portent pas sur les mêmes objets que ceux dont il avait précédemment disposé en faveur de son conjoint; mais ils enseignent que la donation de biens à venir faite entre époux pendant le mariage, à la différence d'une institution contractuelle faite par contrat de mariage, serait réductible, sinon avant les legs, du moins avant toutes autres donations entre-vifs même postérieures en date. — « Dans le cas d'une institution contractuelle faite » par contrat de mariage, dit-on en ce sens, la réduction ne » peut atteindre les biens qu'elle comprend qu'après les do- »nations entre-vifs postérieures, parce que cette institution » est irrévocable et ne peut recevoir aucune atteinte par l'ef- » fet de libéralités postérieures; mais une donation de biens

» à venir faite entre époux est essentiellement révocable. Le
» droit de l'époux donataire, ne portant que sur des biens à
» venir, ne peut, quant à son objet, rétroagir au jour du con-
» trat et ne prend date que du jour du décès : il est donc, au
» point de vue de la réduction, moins fort que celui des do-
» nataires de biens présents. Mais, par cela seul que l'époux
» donataire est saisi de son droit en vertu de son titre, il doit,
» au même point de vue, être préféré aux légataires » (Zachariæ, v, p. 882, note 17).

Cette théorie ne nous paraît rien moins que juridique. Elle
réunit et confond des questions très-distinctes et qui doivent
être résolues successivement, la question de révocation et
celle de réduction. La réduction ne peut s'appliquer qu'aux
libéralités persistantes et non révoquées au décès du disposant,
et elle les frappe séparément et par ordre de dates, en commençant par la plus récente, par la raison fort simple que,
tant que les biens disponibles n'ont pas été épuisés aux mains
du défunt, les dispositions qu'il a faites ont été bien faites, et
qu'il n'a fait de libéralités attaquables par ses héritiers réservataires que quand il a continué de donner après épuisement
de son disponible : quant aux donations révoquées, elles
n'existent plus et il ne peut pas être question pour elles de
simple réduction, mais de la nullité même. C'est donc une
question à résoudre préalablement à la réduction, que celle
de savoir quelles sont les donations faites entre époux qui
ont été postérieurement révoquées.

En attendant que nous traitions des modes de révocation,
qu'il nous suffise de faire quelques observations en réponse

aux savants annotateurs de M. Zachariæ. La question de savoir si l'époux donateur, qui ne s'est pas formellement expliqué, a entendu révoquer tacitement sa donation par une libéralité postérieure est une pure question d'interprétation de volonté. Or, si l'on devait nécessairement voir dans les libéralités postérieures et excédant la quotité disponible, la révocation de la donation entre époux de biens à venir, nous ne voyons pas pourquoi les legs n'auraient pas à cet égard la même signification et le même effet que les donations entre-vifs. Mais il nous est impossible d'admettre, d'une manière absolue, que toute donation faite postérieurement doive entraîner révocation tacite de la donation de biens à venir entre époux. — Nous ne voyons aucune raison de distinguer, sous ce rapport, entre la donation entre époux de biens présents et celle de biens à venir. Toutes deux sont également révocables; mais il ne s'ensuit pas que le donateur, en disposant ultérieurement, ait toujours voulu les révoquer : il a pu, en faisant la disposition subséquente, se croire plus riche qu'il ne l'était réellement, et il peut n'y avoir aucune incompatibilité entre les deux dispositions. Si, par exemple, l'époux donateur, après avoir fait à son conjoint une donation de biens à venir en ces termes : « Je vous donne 20,000 fr. *à prendre sur ma succession* », où même après lui avoir donné simplement entre-vifs la moitié de son disponible, a donné une somme de 30,000 fr. à un tiers et entamé ainsi sa réserve, à son insu peut-être, par une seconde disposition qui ne contredit en rien la première, comment peut-on parler de révocation tacite ? — Il nous semble aussi qu'on a exagéré la

différence qui existe entre l'institution contractuelle faite par
contrat de mariage et la donation de biens à venir faite entre
gens mariés, et qu'on a méconnu la nature de la révocabilité des donations entre époux en général. Si l'auteur de
l'institution contractuelle ne peut plus aucunement disposer
à titre gratuit des biens qu'elle comprend, l'époux donateur
de biens à venir est aussi *obligé naturellement* à ne révoquer
par une donation postérieure la donation par lui faite à son
conjoint que pour les raisons graves de captation ou d'ingratitude que nous connaissons. La donation de biens à venir
entre époux confère au donataire un droit sérieux, qui la
distingue profondément du testament. Il suit de là qu'une
telle révocation ne doit pas être facilement présumée, sans
quoi l'on s'exposerait à contrarier la volonté véritable et
les scrupules mêmes du disposant. Il y a plus : puisque la révocation ne peut avoir lieu, légitimement et en conscience,
que pour captation ou pour ingratitude, on peut dire que
toutes les fois que l'application du système que nous combattons n'aboutira qu'à réduire pour partie la donation de
biens à venir faite entre gens mariés et ne l'anéantira pas en
entier, elle aura bien des chances de n'être pas conforme aux
intentions du donateur.

7° La donation de biens présents, faite entre gens mariés,
est, comme toute aliénation, passible d'un droit de mutation.
Celle de biens à venir en est seule dispensée durant la vie
du donateur, parce que l'objet d'une pareille donation ne
pourra être connu au juste qu'après sa mort.

SECTION II.

De la révocation des donations entre époux. — Formes, effets.

Les donations entre gens mariés sont, comme toutes autres, révocables pour ingratitude du donataire et pour inexécution des conditions (art. 953). Ces causes légales de révocation ne seront pas inutiles pour le donateur lui-même, s'il est interdit, en tous cas pour ses héritiers après sa mort. L'action en révocation n'appartiendrait aux créanciers que pour inexécution, parce qu'il s'agit là de l'exercice d'un droit pécuniaire ; jamais pour ingratitude, parce qu'il est ici question d'un intérêt moral dont ils ne sauraient être de sûrs appréciateurs.

Quant à la révocation par simple volonté du donateur, l'exercice en est réservé personnellement au disposant, qui, au surplus, ne pourrait y renoncer valablement par une clause expresse. La loi n'a tracé pour cette révocation aucune forme : elle déclare seulement que la femme pourra révoquer sans le consentement de son mari ni de justice (1096, 2° alinéa).

Est-ce à dire que la révocation puisse résulter de tout acte indiquant clairement la volonté du donateur à cet égard ? ou bien doit-elle revêtir les mêmes formes que la révocation des testaments ? Ce dernier sentiment est plus vraisemblable : la révocation d'une donation entre-vifs, d'un contrat qui confère un droit actuel et immédiat, ne peut être plus facile et plus simple que celle d'un testament, qui reste la pensée se-

crète du disposant, essentiellement susceptible de changement et de révocation. Les doutes qui pouvaient exister sur
ce point nous paraissent avoir été levés par la loi du
21 juin 1843, dont l'art. 2 soumet *les actes notariés contenant
une révocation de* DONATION OU DE TESTAMENT à des formes
plus solennelles que les actes notariés en général.

Les donations entre époux peuvent être révoquées expressément ou tacitement :

Expressément : 1° par une déclaration faite devant notaires,
avec la présence réelle du second notaire ou des deux témoins; 2° par un testament postérieur, ou du moins par un
acte revêtu des formes testamentaires, tel qu'une déclaration
olographe, datée et signée par le donateur. L'art. 1035 n'a
pas d'autre sens, ainsi que l'indique l'historique de sa rédaction, dans laquelle le mot *testament* se trouva, par inadver-
tance, substitué aux mots : *formes requises pour le testament.* Les conditions requises pour le testament olographe
sont les véritables garanties de la volonté qui se manifeste
sous cette forme, et le fait du donateur de disposer d'un objet
minime n'ajouterait rien à ces garanties.

Tacitement : par tous faits et actes indiquant d'une manière certaine l'intention de révoquer la donation. — Toute
aliénation ultérieure, à titre gratuit ou onéreux, de la chose
donnée, emporte révocation, « encore que l'aliénation soit
nulle et que l'objet soit rentré dans les mains du donateur »
(art. 1038), à moins que l'annulation ne tienne à une cause
qui, comme la violence faite au consentement du donateur,
démontre bien que l'aliénation était contraire à sa volonté.

— 187 —

Une disposition testamentaire, *incompatible* avec la donation entre époux, ne serait qu'une espèce d'aliénation entraînant révocation tacite. Le seul fait d'avoir contracté des dettes ultérieurement n'emporte pas révocation tacite, de la donation entre époux de *biens présents* (il en serait autrement de la donation de biens *à venir*, qui n'a pour objet que les biens existants au décès : or, *non sunt bona nisi deducto œre alieno*). Mais le donateur aurait pu imposer au donataire le payement des dettes qu'il laisserait à son décès (art. 1086 et 047), ce qui prouve, pour le dire en passant, que les conditions potestatives de l'art. 1086 ne feraient pas double emploi avec la révocabilité inhérente aux donations entre époux pendant le mariage.

L'hypothèque, même consentie par le donateur sur les immeubles donnés comme biens présents, n'a pas pour effet nécessaire de révoquer ou de réduire la donation. Le donataire ne peut être traité plus rigoureusement qu'un légataire, et, en pareil cas, il y aurait, suivant Zachariæ, tout au plus lieu d'appliquer par analogie l'art. 1020. Si le donataire, qui n'est pas tenu lui-même *personnellement* de supporter la dette, la payait par l'effet de l'hypothèque, il aurait contre l'héritier ou les autres successeurs généraux le bénéfice de la subrogation légale (art. 1251, 3°).

Les tiers ne sont point ici, comme dans les cas d'ingratitude et de séparation de corps, à l'abri des effets de la révocation. La révocabilité des donations entre époux est une garantie pour le donateur, non-seulement contre l'ingratitude, mais encore contre la captation. Toute donation entre gens mariés a paru suspecte à la loi et doit l'être pour les tiers, qui doivent peu compter sur sa solidité et redouter sa révocation. *Soluto jure dantis, solvitur jus accipientis* est un principe auquel il n'était pas nécessaire de faire exception dans l'espèce. Si la révocation ne pouvait atteindre les tiers détenteurs, le droit du donateur deviendrait illusoire, et il suffirait au donataire insolvable d'aliéner pour le réduire à néant.

CHAPITRE III.

DE LA QUOTITÉ DISPONIBLE ENTRE ÉPOUX.

La quotité disponible spécialement établie par la loi entre conjoints s'applique à toutes les libéralités qu'ils peuvent se faire l'un à l'autre, soit par contrat de mariage, soit pendant le mariage, par acte entre-vifs ou par testament. Seulement, ainsi que nous l'avons dit précédemment, le mineur, qui peut, par contrat de mariage et avec l'assistance de ceux dont le consentement est requis pour la validité de son mariage, donner à l'autre époux autant qu'un majeur (art. 1095), ne peut, pendant le mariage, disposer que par testament et jusqu'à concurrence de la moitié des biens dont la loi permet à l'époux majeur de disposer (art. 904).

Nous parlerons, dans une première section, de la quotité disponible entre époux considérée en elle-même, d'après les articles 1094 et 1098; nous nous occuperons, dans une seconde, de cette quotité considérée dans ses rapports avec le disponible ordinaire, en cas de concours de libéralités faites à un époux avec des libéralités faites à d'autres personnes; nous terminerons par une section consacrée à la sanction tant de la réserve que de la révocabilité.

SECTION I.

De la quotité disponible entre époux considérée en elle-même.

Les art. 1094 et 1098, qui fixent la quotité disponible entre époux, la règlent diversement et prévoient deux hypothèses que nous avons à traiter l'une après l'autre, celle où l'époux donateur ne laisse en mourant aucun enfant d'un précédent mariage, et celle, au contraire, où il a des enfants d'un mariage antérieur.

§ 1. — Du cas où il n'y a pas d'enfant d'un précédent mariage.

La quotité de biens dont peut disposer au profit de son conjoint l'époux qui n'a pas d'enfants d'un mariage antérieur varie, suivant qu'il meurt sans aucun héritier réservataire, ou qu'il laisse pour héritiers des ascendants ou enfin des enfants communs aux deux époux.

1. L'époux qui ne laisse *aucun héritier à réserve* peut disposer, en faveur de son époux, de tout ce dont il pourrait disposer au profit d'un étranger (art. 1094 et 916 combinés).

II. L'époux qui a pour héritiers des *ascendants* peut donner à son conjoint, en pleine propriété, toute la quotité disponible en faveur des étrangers, et de plus, « en usufruit, la portion dont la loi prohibe la disposition au préjudice des *héritiers.* »

Ce mot *héritiers*, resté dans l'article 1094, trop vague aujourd'hui qu'il ne désigne plus que les ascendants, seuls réservataires à défaut d'enfants et descendants, était nécessaire au moment où fut rédigée cette disposition pour comprendre les divers héritiers à réserve admis par l'art. 16 du projet primitif, et non-seulement les ascendants du donateur, mais encore un grand nombre de collatéraux.

La disposition de l'art. 1094, alinéa 1er, a été justement critiquée : il était presque dérisoire de réduire la réserve des ascendants à la nue propriété de biens dont on attribuait l'usufruit à un époux *moins âgé qu'eux*, dit fort bien Maleville, *de toute une génération*. S'il est vrai, comme le disait M. Jaubert dans son rapport au Tribunat, que les ascendants ne sont appelés à la succession de leurs descendants que par l'interversion des lois de la nature, ce n'était pas une raison pour ne leur laisser qu'un droit dont ils ne pourront jouir qu'en le vendant à vil prix et en faisant sortir pour toujours la propriété de la famille. Mieux eût valu, remarque M. Duranton, conserver aux ascendants l'usufruit de leur réserve, et permettre, si l'on voulait, d'en donner la nue propriété seulement au conjoint.

III. Si le disposant laisse des *enfants ou descendants,* — quel qu'en soit le nombre, le texte ne distingue pas, — il peut donner à l'autre époux ou un quart en propriété et un autre quart en usufruit, ou la moitié de tous ses biens en usufruit seulement (art. 1094, alinéa 2).

Cette disposition présente une alternative choquante, dont le second membre est compris dans le premier. On a donné de cette rédaction une explication aussi inexacte qu'invraisemblable, en disant que dans le premier terme il est question d'un quart en *nue propriété* auquel on ajoute un autre quart en usufruit, ce qui équivaudrait à un quart en pleine propriété. L'art. 1094 a voulu déterminer le *maximum de l'usufruit* que les époux peuvent se donner l'un à l'autre dans l'hypothèse qui nous occupe, et il n'a fait qu'appliquer le principe de l'art. 17 du projet Jacqueminot, qui restreignait les dispositions en usufruit à la même quotité de biens que celles en pleine propriété. C'est un point sur lequel les travaux préparatoires du Code ne laissent aucun doute. — De ce que la loi a ainsi réglé, dans l'art. 1094, la quotité disponible entre époux, en usufruit comme en propriété, il résulte, disons-le tout de suite, que les donations excessives d'usufruit seraient réductibles à la moitié des biens, sans que l'époux donataire pût contraindre les enfants réservataires au choix de lui laisser la libéralité entière ou de lui abandonner un quart d'usufruit avec un quart de pleine propriété. L'art. 17 du projet primitif a bien été remplacé par notre art. 917 pour la portion disponible ordinaire; mais, en ce qui concerne le disponible entre époux, l'art. 1094, mis en harmonie avec l'art. 17, n'a subi aucune modification.

La quotité déterminée par le deuxième alinéa de l'art. 1094

est-elle une quotité fixe et invariable, que le disposant 'e toujours atteindre, mais qu'il ne puisse jamais dépasser, quel que soit le nombre de ses enfants? Le disponible entre époux, plus grand que le disponible ordinaire en cas d'ascendants comme nous l'avons vu, et aussi dans le cas où le donateur laisse deux enfants ou un plus grand nombre, puisque, au lieu de pouvoir disposer seulement d'un tiers ou d'un quart, de trois neuvièmes ou de deux huitièmes, il peut disposer d'un quart en pleine propriété, plus un quart en usufruit, ou trois huitièmes (en évaluant, d'après la loi d'enregistrement du 22 frimaire an VII, art. 14-15, une portion d'usufruit en général à la *moitié* d'une pareille portion *en pleine propriété*), le disponible entre époux, disons-nous, est-il moindre que le disponible ordinaire dans le cas où il n'y a qu'un seul enfant?

Cela n'est pas vraisemblable, disent tout d'abord les partisans de la négative. Comment croire que le législateur, si favorable aux donations entre époux et qui leur accorde toujours plus de latitude qu'aux donations entre étrangers, ait entendu les restreindre dans un seul cas? Est-il croyable que ce cas soit celui où le donateur ne laisse qu'un seul enfant, et que la loi ait craint de réduire à la réserve ordinaire, à la moitié des biens cet enfant unique, quand elle a ordonné que deux enfants, en présence de leur mère veuve, se contentassent chacun de moins d'un tiers, et trois enfants chacun de moins d'un quart des biens paternels? — Rien, d'ailleurs, dans les termes de la loi ne paraît justifier le sens restrictif que l'on voudrait donner à l'art. 1094 : « L'époux *pourra*..... disposer, dit l'alinéa 1er, — il *pourra*..... donner, dit le 2e alin.). » Bien différent est le langage de l'art. 1098, véritablement prohibitif : « L'homme ou la femme..... *ne pourra donner*..... *que*.....,» et l'on conçoit cette distinction faite en faveur des enfants du premier lit, qui ont tout à craindre des libéralités de leur auteur remarié ! Les articles 913 et 915 s'expriment aussi en termes limitatifs pour fixer les bornes de la quotité disponible ordinaire : mais l'art. 1094 a-t-il fait autre chose qu'introduire une faveur exceptionnelle pour les époux? D'après le projet primitif (art. 16), le disponible ordinaire était fort restreint; il comprenait : 1° le quart des biens, si le disposant laissait des descendants, sans égard à leur nombre; 2° la moitié, s'il laissait des ascendants, des frères ou sœurs, ou des descendants de frères ou sœurs; 3° les trois quarts, s'il laissait des oncles, grands-oncles ou cousins germains; 4° enfin la totalité, à défaut des parents ci-dessus exprimés (Fenet, t. I, p. 370, art. 16). C'est alors que fut rédigé notre article 1094, qui était l'art. 151 du projet Jacqueminot : il avait pour but d'étendre en faveur de l'époux le disponible ordinaire, et il l'augmentait dans tous les cas; à défaut de descendants, il permettait à l'époux de donner à son conjoint ce qu'il pourrait donner à d'autres, et en outre l'usufruit de la portion réservée aux *héritiers;* et, en cas de descendants, il ajoutait au quart ordinaire de propriété un autre quart d'usufruit. Lorsque depuis on a élevé le disponible ordinaire entre étrangers, a-t-on voulu le rendre supérieur au disponible entre époux? Ce dernier n'a-t-il pas dû profiter de l'augmentation géné-

13

rale, de manière à n'être au moins jamais inférieur au disponible ordinaire?

Sans doute, l'art. 151, devenu notre art. 1094, fut écrit pour étendre en faveur de l'époux un disponible trop faible ; mais le législateur n'a jamais modifié depuis cette quotité ainsi étendue : l'art. 1094 a toujours conservé jusqu'à sa rédaction primitive, comme le prouve le mot *héritiers,* beaucoup trop large cependant depuis les changements apportés au système de l'art. 16 du projet par les art. 913-916 du Code ; et la question est de savoir *s'il nous est permis de faire ce que le législateur n'a* CERTAINEMENT *pas fait,* de donner au disponible exceptionnel l'étendue du disponible ordinaire, dans les cas où il ne l'aurait pas d'après l'art. 1094.

Nous ne le croyons pas, et le législateur a peut-être eu raison de s'en tenir pour les époux à la quotité qu'il avait fixée dès le principe. S'il convenait d'autoriser les libéralités dans une assez grande mesure pour permettre aux époux de récompenser leur affection et leur dévouement mutuels, on devait aussi songer aux entraînements auxquels les conjoints sont spécialement exposés. Tous les gains légaux de survie avaient été abolis par la loi du 17 nivôse de l'an II : il fallait qu'un époux pût assurer pour toujours à son époux une existence semblable à celle qu'ils avaient partagée pendant le mariage ; et le législateur, en ajoutant au quart primitif en pleine propriété un quart en usufruit et en permettant aux conjoints de se laisser l'un à l'autre la moitié de leurs biens en usufruit, avait adopté une quotité parfaitement calculée pour obtenir ce résultat ; il avait dû ne tenir aucun compte

du nombre des enfants, lequel ne peut rien changer aux besoins de l'époux survivant. Mais la faveur de la loi pour les
libéralités entre époux devait se renfermer dans de justes limites : les dons considérables sont beaucoup plus à craindre
entre époux qu'entre étrangers. Rien n'est plus fréquent dans
la pratique que les donations entre conjoints. « Les conjoints,
» dit M. Marcadé, sont presque toujours disposés, même avant
» de savoir quelle est la quotité dont ils peuvent disposer en-
» tre eux, à s'assurer réciproquement et pour le survivant des
» deux, tout ce que la loi leur permet de donner; en sorte
» que, si on allait jusqu'à leur permettre de se donner la to-
» talité de leurs biens, ils se donneraient souvent cette tota-
» lité. » *Lex arctius prohibet quod facilius fieri putat.*

Tel n'a pas été le système des rédacteurs du Code, dit
M. Benech, le savant promoteur de la doctrine que nous
combattons; et quelques paroles prononcées par Berlier au
sein du conseil d'Etat, lors de la discussion de l'art. 1098,
en sont la preuve. L'art. 1098 défendait d'abord à l'époux
qui a des enfants d'un premier lit, de donner à son nouveau
conjoint autre chose que l'*usufruit* d'une part d'enfant légi-
gitime. Cambacérès proposa de convertir l'usufruit en pleine
propriété. Alors Berlier, souscrivant à cet amendement, en
demanda un second, et proposa de dire que le nouvel époux
ne pourrait jamais recevoir plus du quart. Voici sa raison :
« S'il n'y avait qu'un enfant ou deux du premier mariage, et
» point du second, le nouvel époux pourrait, en partageant
» avec eux, avoir la moitié ou le tiers de la succession. »
Donc, dit M. Benech, l'art. 1094 ne fait pas obstacle à ce que

l'époux qui laisse un seul enfant donne à son conjoint la *moitié* de sa fortune. — C'est vrai, a très-justement répondu M. Marcadé, l'art. 1094 n'empêche pas l'époux qui a des enfants d'un lit précédent et point de son mariage actuel, de donner à son nouvel époux autant qu'à un étranger : l'article 1094 ne prévoit pas cette hypothèse, il s'occupe uniquement de la question de savoir ce qu'un époux peut donner à son conjoint avec lequel il a des enfants communs. C'est précisément parce que rien n'a encore été statué sur le cas d'enfants d'un mariage antérieur, que l'on fait l'art. 1098 ; et le sens naturel des paroles de Berlier est celui-ci : « Le » projet, modifié par l'amendement de M. Cambacérès, per- » met à l'époux qui a des enfants d'un premier lit de donner » à son nouveau conjoint une part d'enfant en propriété ; je » crois que le nouvel époux ne devrait jamais recevoir plus » du quart. Voyez : avec votre système, s'il n'y a qu'un en- » fant ou deux, cet époux pourra, en partageant avec eux, » avoir la moitié ou le tiers de la succession : c'est beaucoup » trop. » — *Avec votre système ! d'après le système que vous proposez pour l'hypothèse actuelle !* Mais M. Berlier ne pense pas, ne peut pas penser à la disposition de l'art. 1094, faite pour une autre espèce.

L'intention du législateur, dans l'art. 1094, a certainement été, tout en favorisant dans la plupart des cas les donations entre époux, de leur imposer des limites spéciales. Après la communication officieuse du titre des donations au Tribunat, celui-ci proposa précisément d'admettre le système soutenu depuis par M. Benech, et voici le motif sur lequel la section

de législation du Tribunat appuyait sa demande : « Il est juste
» qu'un époux *puisse donner* à l'autre autant qu'il pourrait
» donner à un étranger » (Fenet, t. XII, p. 467). Néanmoins,
la disposition de l'art. 1094, al. 2, fut maintenue; et, après
le maintien définitif de cette disposition, lorsque le projet fut
communiqué au Tribunat officiellement, le rapport fait au
nom de la section qui n'avait pu obtenir aucun changement
disait en conséquence : « S'il reste des enfants du mariage,
» l'époux *ne peut avoir qu'un quart en propriété et qu'un quart*
» *en usufruit*, ou la moitié en usufruit seulement; *si la dis-*
» *position excédait ces bornes, elle serait réduite.* » — Il faut
remarquer surtout les motifs exposés au Corps législatif par
Bigot-Préameneu, conseiller d'Etat et l'un des rédacteurs du
projet : « *Les devoirs de la paternité sont personnels, et l'époux*
» *donateur y manquerait s'il les confiait à un autre;* il ne
» pourra donc être autorisé à laisser à l'autre époux qu'une
» partie de sa fortune, et cette quotité est fixée à..... *Après*
» *avoir ainsi borné la faculté de disposer,* etc .... »

C'est, à notre avis, dans les travaux préparatoires du
Code, soigneusement examinés et étudiés, que se trouve la
solution de notre question. C'est là qu'on peut découvrir la
volonté réelle des auteurs de la loi, et voir la véritable valeur
d'arguments en apparence redoutables. L'art. 1094, dit-on,
est conçu en termes purement *facultatifs* et nullement prohi-
bitifs. — *Extensifs* même, répondrons-nous, oui par rapport
au disponible ordinaire primitivement fixé par l'art. 16 du
projet Jacqueminot; mais relativement à ce disponible augmenté depuis, qu'est-il devenu? Voilà la question. Il est resté

ce qu'il était d'abord : les travaux préparatoires ne permettent pas d'en douter.

Nous avons omis à dessein un argument suivant nous inconcluant, c'est l'art. 1099 : « Les époux ne pourront se donner indirectement au delà de ce qui leur est permis par les » dispositions ci-dessus, » c'est-à-dire évidemment par les art. 1094 et 1098. Qu'est-ce que l'art. 1094 permet aux époux de se donner l'un à l'autre ? Est-ce seulement la quotité indiquée par cet article, ou bien aussi la quotité ordinaire quand celle-ci est plus considérable ? Voilà ce qu'il s'agit de savoir : l'art. 1099 ne le dit pas.

Si un époux avait déclaré donner à son conjoint *tout le disponible,* il nous paraît évident que le donataire aurait droit à la plus forte quotité, au quart de propriété et au quart d'usufruit. — Si le disposant avait donné en ces termes : « un quart en propriété et un quart en usufruit, ou une moitié en usufruit seulement, » le choix appartiendrait aux héritiers ou au donataire, bien entendu, avant tout suivant l'intention du donateur ; mais, dans le cas de doute absolu sur cette intention, il devrait être laissé aux héritiers comme à tous débiteurs, par application des art. 1022 et 1190.

Nous ne voyons rien qui empêche l'époux donateur d'usufruit de dispenser son conjoint de la caution due en principe par tout usufruitier, lorsqu'il s'agit de biens dont il pouvait disposer en toute propriété : mais il n'aurait pas le droit de compromettre ainsi la réserve des héritiers.

Les enfants légitimés sont assimilés aux enfants légitimes, et ont droit à la même réserve que ceux-ci; il en est de même des enfants adoptifs.

Quant aux enfants naturels légalement reconnus, ils ont droit aussi à une portion réservée sur le patrimoine de leurs auteurs. Cela résulte de l'art. 757, qui leur accorde, en toute hypothèse, une fraction de la part héréditaire qu'ils auraient eue s'ils eussent été légitimes. Mais cette réserve varie suivant les cas. — Si le défunt ne laisse pas de parents au degré successible, les enfants naturels jouissent des mêmes droits que les enfants légitimes : ils recueillent la totalité des biens existants au décès, et peuvent exiger la réserve de l'art. 1094 (art. 758). — En présence de collatéraux, l'art. 757 donne aux enfants naturels les trois quarts ou la moitié de ce qu'ils auraient s'ils étaient légitimes, suivant qu'il s'agit de collatéraux ordinaires ou de collatéraux privilégiés. — En cas de concours avec les ascendants, les enfants naturels ont droit à la moitié de ce qu'ils auraient s'ils étaient légitimes, comme lorsqu'il y a des collatéraux privilégiés. — Enfin, lorsqu'il y a des enfants légitimes, la réserve, invariable quel qu'en soit le nombre et fixée à la moitié en pleine propriété plus un quart en nue propriété, ne s'augmente pas par la présence d'un ou de plusieurs enfants naturels. Seulement elle ne se partage entre les enfants légitimes qu'après le prélèvement par les enfants naturels du tiers de la part qu'ils auraient prise s'ils eussent été légitimes.

§ 9. — Cas où il y a des enfants d'un mariage antérieur.

Tout en adoptant une quotité disponible particulière entre époux, les rédacteurs du code Napoléon rétablirent la règle en quelque sorte traditionnelle de la loi *Hâc edictali*, un instant abolie par le législateur de l'an II, et qui protégeait spécialement, en cas de convol, les intérêts des enfants d'une précédente union. « L'homme ou la femme, » porte l'article 1098, « qui, ayant des enfants d'un autre lit, contractera » un second ou subséquent mariage, ne pourra donner à son » nouvel époux qu'une part d'enfant légitime le moins pre- » nant et sans que, dans aucun cas, ces donations puissent » excéder le quart des biens. » Cette disposition ajoute même à la rigueur de l'édit, en défendant de donner jamais au nouvel époux plus du quart. — Quant au second chef de l'édit des secondes noces, emprunté aux lois *Feminæ quæ* et *Generaliter*, par la substitution dont il grevait au profit des enfants du premier lit les biens que léur auteur remarié avait reçus de son conjoint prédécédé, il eût formé une anomalie dans notre Code, qui prohibe les substitutions.

La restriction apportée par l'art. 1098 au disponible ordinaire entre époux, suppose que le veuf ou la veuve qui a contracté *un second ou subséquent* MARIAGE, laisse à son décès des enfants ou descendants d'une précédente union *légitime*. Les enfants légitimés par un mariage antérieur seraient considérés comme des enfants d'un autre lit. Mais l'enfant adoptif ne pourrait jamais, de son propre chef, se prévaloir des dispositions de l'art. 1098; si l'art. 350 donne à l'adopté sur la succession

de l'adoptant les mêmes droits que ceux qu'y aurait l'enfant
né en mariage, il en résulte bien que les droits de succession,
et notamment le droit de réserve, attachés à la seule qualité
d'enfant légitime, appartiennent au premier comme au second ; mais il n'en est pas de même de la *réserve exceptionnelle* que la loi a établie uniquement en faveur des enfants
nés d'un mariage précédent, « de l'amour desquels, » disait
le préambule de l'édit des secondes noces, « tant s'en faut
» que les femmes veuves se dussent éloigner par la mort de
» leur père, qu'elles devraient plutôt s'efforcer de leur tenir
» lieu de père et de mère. » Ce droit ne peut exister qu'à la
condition qu'il y ait eu un mariage antérieur et qu'il reste
des enfants issus de ce mariage.

La quotité disponible en faveur du nouvel époux, dans le
cas d'enfants d'un autre lit, *ne peut pas excéder une part
d'enfant*. Il est clair que, pour déterminer cette part, il faut
compter l'époux donataire pour un enfant de plus. Lui
donner ce qui serait une part d'enfant si la donation n'avait
pas eu lieu, ce serait lui accorder plus qu'il ne restera à
chaque enfant. S'il reste quatre enfants, l'époux ne pourra
recevoir qu'un cinquième, un sixième s'il y en a cinq, et
ainsi de suite.— On compte tous les enfants existants au jour
du décès du disposant, ceux du dernier mariage comme ceux
des précédents, pourvu qu'ils soient héritiers. Ceux qui ont
renoncé à la succession ou qui en sont écartés comme indignes ne font pas nombre pour le calcul de la quotité disponible et de la réserve, puisqu'ils sont censés n'avoir jamais
existé juridiquement quant aux droits successifs (art. 785).

S'il en était autrement, du moins pour les renonçants, sous l'empire de l'édit des secondes noces, même dans les pays de coutumes, cela tenait, nous l'avons vu, à l'origine toute romaine des dispositions de l'édit. — L'enfant prédécédé, qui a laissé des descendants, est représenté par eux, et la réserve n'en saurait être augmentée, quel que soit le nombre de ces descendants, quand même ils viendraient à la succession de leur chef. Dans ce dernier cas, Pothier et Ricard pensaient que le disponible devait être réglé d'après le nombre des petits-enfants. Cette opinion s'appuyait sur les termes de l'édit, qui défendait aux veuves remariées de donner à leurs nouveaux maris *plus qu'à l'un de leurs enfants, ou enfants de leurs enfants;* mais elle serait insoutenable sous le Code, qui permet de donner simplement *une part d'enfant.* Conçoit-on, d'ailleurs, que l'époux ait moins de droits en présence de descendants du second degré qu'en face d'enfants du premier, et qu'il puisse souffrir en quoi que ce soit du prédécès ou de la renonciation de ces derniers ?

Le nouvel époux peut, pour le calcul de la part d'enfant à laquelle il a droit, exiger le rapport fictif à la masse des avancements d'hoirie faits aux enfants. Sans doute le rapport réel n'est dû que par le cohéritier à son cohéritier, et l'époux, simple donataire quand même il aurait reçu expressément *une part d'enfant,* ne peut en profiter (art. 857). Mais l'époux ne demande pas un rapport effectif : il veut seulement que sa part soit ce qu'est celle des enfants, lesquels peuvent se demander le rapport l'un à l'autre. Il réclame si peu un rapport réel que, si la donation est de biens à venir, d'une part d'enfant, et qu'il ne reste pas assez de biens au décès pour lui parfaire cette part, il se contentera de ce qui restera. Mais, si la donation est de biens présents, il veut qu'elle ne soit réduite qu'autant qu'elle excéderait la part revenant à chaque enfant après le rapport effectif. — L'époux peut aussi, pour faire déterminer le montant de la quotité disponible à son profit, exiger la réunion fictive à la masse du montant de la réduction à laquelle ont droit les enfants. L'art. 921, qui défend que les donataires puissent demander la réduction et en profiter, n'empêche pas l'époux d'*argumenter de cette réduction* pour calculer la quotité qui lui appartient et lui donner l'étendue qu'elle doit avoir. La quotité disponible en faveur du nouvel époux n'est pas la portion dont il peut plaire à tel enfant de se contenter, mais celle à laquelle il a droit. — On ne peut pas dire que le nouvel époux profite lui-même, dans la proportion d'une part d'enfant, de la réduction des dispositions faites en sa faveur, en ce sens que le montant de cette réduction se partage entre lui et les enfants. La donation aurait été trop réduite, si le retranchement devait être suivi d'une restitution. On évite cet inconvénient en réunissant fictivement à la masse des biens existants la valeur donnée à l'époux, et l'on trouve la quotité qui doit rester entre les mains de ce dernier en faisant du tout autant de parts qu'il y a d'enfants, plus une pour l'époux.

Le nouvel époux a le droit de recevoir une part d'enfant : mais cette part se mesure sur *celle de l'enfant le moins prenant.*— La loi ne reconnaît plus aucune de ces inégalités qui résultaient autrefois des droits d'aînesse et de masculinité. Il n'y a pas, de par le Code, d'enfants moins prenants. Les différences que l'on peut rencontrer encore entre les enfants sont l'œuvre des disposants : les dons ou legs préciputaires peuvent seuls aujourd'hui fournir des cas d'application de l'art. 1098, en réalisant des lots inégaux.

Enfin, dans aucun cas *le disponible ne peut excéder le quart de la succession du donateur*. Cette restriction, nouvelle dans le droit, fut admise sur la proposition de Berlier au conseil d'Etat. Nous nous sommes déjà expliqué sur ce point.

Dans le cas de plusieurs convols successifs de l'époux ayant des enfants d'un premier lit, des auteurs ont pensé que la quotité fixée par l'art. 1098 pouvait être donnée en entier à chacun des époux subséquents, pourvu que toutes ces libéralités réunies n'excédassent pas le disponible ordinaire de l'art. 913. D'autres, insistant d'avantage sur les derniers termes de l'art. 1098 « sans que, dans aucun cas, ces dona- » tions puissent excéder le quart des biens », ont dit que le disposant ne peut donner à tous ses nouveaux conjoints ensemble que le quart de ses biens; mais, à cette condition, ils lui permettent de donner à chacun une part d'enfant. Nous croyons que les divers conjoints ensemble ne peuvent recevoir qu'une quotité égale à la part de l'enfant le moins prenant et ne dépassant pas le quart des biens. C'est le système de l'ancien droit, et les rédacteurs du Code ont déclaré *maintenir* la disposition de l'édit des secondes noces, sauf la modification *restrictive*, il ne faut pas l'oublier, et non extensive, présentée par Berlier.

Lorsque le disposant vient à mourir sans enfants ni descendants après avoir donné à son nouveau conjoint *une part d'enfant*, cette donation, qui, dans l'ancien droit, d'après Pothier et Ricard, comprenait la moitié des biens, ne peut aujourd'hui produire d'effet pour plus d'un quart ; c'est, en effet, là le *maximum* de la quotité qu'un second époux puisse recevoir en présence d'enfants d'un premier lit, et cette expression *une part d'enfant* ne peut avoir reçu du donateur un sens plus étendu. Mais il en serait autrement, et l'époux aurait droit à la totalité, sauf la réserve des ascendants, si la donation avait été du *disponible* et n'eût ainsi laissé aucun doute sur l'intention du donateur.

L'art. 1098 ne s'occupe pas de la quotité disponible en usufruit comme l'a fait l'art. 1094. Il en résulte qu'en cas d'enfants issus d'un précédent mariage, on doit appliquer l'art. 917, qui oblige les héritiers réservataires à exécuter les dispositions en usufruit ou à donner en échange la propriété de la quotité disponible.

SECTION II.

Des rapports du disponible exceptionnel avec le disponible ordinaire.

Il peut arriver que l'un des époux ait disposé, non-seulement au profit de son conjoint, mais encore en faveur d'autres personnes. La combinaison du disponible entre étrangers avec le disponible entre époux présente les plus sérieuses difficultés, à en juger par les dissidences que présente la doctrine comme la jurisprudence. Les deux quotités peuvent-elles être cumulées? Peuvent-elles seulement concourir ensemble? et quel est leur mode de concours? Telles sont les questions qu'on a l'habitude de poser en cette matière.

Suivant nous, le disponible est un, susceptible seulement d'être étendu ou restreint, suivant les cas, lorsque les libéralités s'adressent au conjoint du donateur. Le disponible exceptionnel n'est autre chose que le disponible ordinaire, augmenté ou diminué selon les circonstances. Si la chose ne paraissait pas toute simple, nous prouverions qu'elle a été envisagée ainsi par le législateur, en rappelant que le projet primitif (le projet de Jacqueminot) se bornait, pour les époux, à ajouter une portion d'usufruit au disponible ordinaire fixé par l'art. 16; la circonstance que depuis la quotité disponible ordinaire a été augmentée sans que le disponible entre époux ait aucunement varié a bien pu modifier le rapport entre la valeur de chaque quotité, mais non la nature même du disponible; elle n'a en rien altéré le principe que le disponible exceptionnel n'est autre chose que le disponible ordinaire, étendu ou restreint selon les cas.

Il résulte de là qu'il ne peut pas être question de cumuler ce qu'on appelle les deux quotités disponibles, puisque, d'après l'intention du législateur, elles n'existent pas distinctes et indépendantes l'une de l'autre. La raison qu'on donne ordinairement de ce fait, et qui consiste à dire qu'en cas d'enfants ou d'ascendants le cumul des deux quotités réduirait la réserve à une fraction insignifiante ou même dépasserait la totalité du patrimoine, cette raison, suffisante comme une impossibilité, n'est cependant que superficielle : ce n'est pas la raison profonde, ce n'est pas la raison juridique.

Il résulte du même principe, que toute disposition gratuite, quel que soit le donataire, conjoint ou étranger, et quelle que soit la quotité de biens qu'il puisse recevoir, doit être imputée sur le disponible unique, et, avant tout, sur la quotité des articles 913-915 ; le crédit supplémentaire n'est ouvert qu'après épuisement de cette quotité, et seulement pour le cas d'insuffisance des ressources ordinaires.

Enfin, la disposition exceptionnelle des articles 1094 et 1098 n'est applicable qu'au conjoint, pour lequel ils ont été faits. De même que l'époux peut toujours recevoir la quotité qui lui est accordée par la loi et ne peut jamais recevoir davantage, de même les étrangers ne peuvent ni profiter ni souffrir de l'exception.

De ce qui précède nous pouvons déduire deux règles à l'aide desquelles il sera facile de résoudre les diverses questions qui naissent du concours des dispositions faites par un époux, tant à son conjoint qu'à d'autres personnes.

Première règle. — Le donateur peut disposer au profit de toutes personnes de la quotité fixée par les articles 913-915 ; seulement, et par exception, son conjoint ne peut recevoir de lui plus que ne permettent les articles 1094 et 1098.

Seconde règle. — L'extension exceptionnelle du disponible ne peut profiter qu'à l'époux donataire.

Sans aucun doute, le donateur peut disposer à son gré de la quotité permise par les articles 913-915 ; il n'atteint pas ainsi la réserve des légitimaires ; — et si, d'ailleurs, il n'a donné à son conjoint rien que celui-ci ne puisse recevoir, les libéralités qu'il a faites sont de tout point inattaquables. L'époux qui n'a qu'un enfant et dont le disponible est de moitié en pleine propriété, peut évidemment donner la nue propriété de cette moitié à un étranger (par étranger il faut entendre toutes personnes autres que le conjoint, même les enfants du disposant), et l'usufruit à son conjoint, et peu importe la date relative de ces dispositions.

Mais l'époux donateur ne peut dépasser la quotité des articles 913 - 915 que pour gratifier de l'excédant son con-joint.

Le père de trois enfants, après avoir donné à l'un d'eux sa quotité disponible, le quart en toute propriété, peut donner l'usufruit d'un second quart à sa femme. Celle-ci, en effet, profite seule ainsi de l'extension de l'art. 1094, et l'enfant donataire n'y gagne absolument rien, puisqu'il avait reçu irrévocablement son don alors que la quotité ordinaire était encore intacte. Ce serait faire une assertion toute gratuite, de dire qu'il aurait reçu moins si l'art. 1094 n'eût mis à la dis-position du père un supplément de quotité qu'il pût donner plus tard à sa femme. Qui sait si le mari ne tenait pas plus à la première donation qu'à la seconde ?

Lorsque les libéralités faites tant à des étrangers qu'au conjoint ont eu lieu en même temps, la simultanéité des dispositions ne permet pas de dire lesquelles ont épuisé la quotité des art. 913-915, lesquelles ont été composées avec le disponible supplémentaire. Si, par un ou plusieurs testaments (lesquels ont toujours la même date, celle du décès du testateur), si, par une même donation entre-vifs, un mari qui ne laisse d'autre héritier que son père, a disposé en faveur d'un tiers de la propriété des trois quarts de ses biens, et en faveur de sa femme de l'usufruit du dernier quart, ces deux dispositions doivent être exécutées. Il en est de même lorsqu'un père, ayant trois enfants, a par le même acte attribué à sa femme l'usufruit d'un quart et à l'un de ses enfants la pleine propriété d'un autre quart. Rien n'autorise à prétendre que la libéralité faite au tiers ou à l'enfant a été prise sur le disponible exceptionnel.

M. Benech n'admet pas que l'époux ayant trois enfants puisse, par le même acte, donner cumulativement un quart en pleine propriété à son conjoint et *un quart en usufruit à un étranger*. Sa raison principale est que la quote d'usufruit, ajoutée pour l'époux au disponible ordinaire par l'art. 1094, a pu être enlevée aux enfants réservataires, sans qu'il en résulte pour eux un grand préjudice, puisqu'ils se trouvent ainsi à l'abri de toute demande en pension alimentaire de la part de leur auteur, donataire d'un bien difficilement aliénable; mais que leur position serait aggravée par l'attribution de cette quote d'usufruit à un étranger. Cette considération de fait est évidemment fausse. Il est impossible d'admettre qu'une donation d'usufruit faite à un tiers soit plus funeste aux enfants qu'une donation de pleine propriété. Or, M. Benech trouverait la disposition inattaquable si c'était l'étranger qui eût reçu le quart en propriété, et le conjoint qui eût reçu le quart d'usufruit. — En droit, il n'est

14

pas démontré, suivant nous, que le quart d'usufruit donné à l'étranger soit la *quotité ajoutée* par l'art. 1094 au disponible ordinaire, et c'est pourquoi cette libéralité ne nous paraît pas réductible; les deux donations ont été faites simultanément, et l'on doit présumer, jusqu'à preuve contraire, que la loi a été strictement observée et que la quote d'usufruit attribuée à l'étranger a été prise sur le disponible ordinaire : quant au quart donné en pleine propriété à l'époux, il se compose 1° de la nue propriété du premier quart dont on a détaché l'usufruit; 2° de l'usufruit d'un second quart. Voilà comment la double disposition doit être juridiquement comprise et confirmée.

Mais le mari qui aurait donné à sa femme irrévocablement la quotité disponible ordinaire, par exemple les trois quarts en pleine propriété en cas d'ascendants dans une seule ligne, ne pourrait pas, par un acte postérieur, disposer en faveur d'un étranger de l'usufruit du quart réservé. Il est vrai que le tiers recevrait ainsi en réalité moins que le disponible des articles 913-915; mais il recevrait son quart d'usufruit après épuisement de ce disponible, et profiterait évidemment du bénéfice de l'art. 1094, qui n'a été introduit que dans l'intérêt de l'époux donataire. Si l'art. 1094 n'existait pas, il est clair qu'il ne pourrait pas être question de donations pour l'étranger, une fois que la quotité des art. 913-915 aurait été épuisée en libéralités faites soit au conjoint du disposant, soit à tous autres.

De même le père de trois enfants, s'il avait antérieurement disposé d'un quart d'usufruit au profit de sa femme, n'aurait

plus qu'un quart de nue propriété à donner aux étrangers: c'est tout ce qui lui resterait de disponible en faveur de ces derniers; il ne pourrait y ajouter un quart d'usufruit sans les faire profiter de l'art. 1094. — « Comment concevoir, s'é-
» crie M. Pont, que le concours de deux libéralités étant
» admis lorsque ces libéralités sont faites par un même acte
» (ou même par deux actes séparés, mais avec antériorité en
» faveur de l'étranger), ce concours puisse être rejeté lorsque
» c'est l'ordre inverse qui a été suivi, sous le prétexte que
» l'extension du disponible profiterait dans ce cas à l'étran-
» ger? La puissance d'une date ne va pas pour nous jusqu'à
» nous faire comprendre que deux libéralités étant faites,
» l'une des deux soit valable ou caduque suivant qu'elles
» marchent l'une après l'autre, alors que dans l'un et l'autre
» cas elles comprennent également la même quotité. »
M. Pont paraît supposer que la quotité disponible pour le père de trois enfants est, d'une manière absolue, d'un quart en pleine propriété, plus un quart en usufruit, tandis qu'elle n'est véritablement que d'un quart en propriété. Il n'a une pleine et entière liberté de disposition que pour ce quart; il ne peut donner l'autre quart en usufruit qu'à sa femme, et cela subsidiairement, et en cas d'insuffisance du disponible ordinaire ; tant ce que le crédit ordinaire n'est pas épuisé, le donateur n'a pas même le droit de prendre en dehors de cette quotité les libéralités qu'il fait, et de recourir au crédit sup- plémentaire. Aussi ne croyons-nous pas qu'on doive admettre le système de M. Marcadé, d'après lequel on devrait au moins imputer sur le disponible extraordinaire la donation entre

époux antérieure aux libéralités faites aux tiers, « lorsque
cette première donation semblerait de nature à ne pouvoir
être faite que d'après les règles particulières du disponible
entre époux. » On suppose que le disposant (toujours père
de trois enfants) a donné d'abord à sa femme moitié en usufruit, et plus tard un quart de nue propriété à un étranger.
Dans ce cas même, nous pensons avec la cour de cassation,
que la valeur de la première libéralité doit s'imputer sur le
disponible ordinaire : quelle que puisse être la difficulté d'é-
valuer comparativement l'usufruit et la pleine propriété, tels
nous paraissent être les véritables principes.—Dire que le disposant a pris dans le disponible exceptionnel ce qu'il a donné
à son conjoint avant d'avoir épuisé le disponible ordinaire,
c'est admettre qu'il existe deux disponibles différents et distincts, entièrement indépendants l'un de l'autre ; mais alors
pourquoi ne pas en admettre le cumul, du moins dans les
limites du possible? Sur quoi est fondée dans ce système la
restriction du disponible à la plus forte des quotités indiquées dans les articles 913-915 et 1094-1098, si ce n'est sur
l'arbitraire? Que s'il n'y a véritablement qu'un seul disponible, qui est le disponible ordinaire, susceptible seulement
de diminution ou d'augmentation entre époux, comment
toutes les libéralités ne seraient-elles pas imputables sur ce
disponible unique? Et comment toute donation faite après
épuisement de ce disponible ne serait-elle pas réductible, à
moins qu'elle ne s'adressât au donataire privilégié, à l'époux?
Si la donation faite au tiers avait été faite la première, elle
subsisterait ! Sans doute : parce que la quotité ordinaire en

aurait fait les frais, et non la réserve des héritiers. La puissance des dates est-elle donc ici plus étrange qu'ailleurs ? *Potior tempore, potior jure,* n'est-ce pas la règle fondamentale en matière de réduction? Qu'aura de bizarre le langage qu'on tiendra à l'étranger donataire au jour de la réduction lorsqu'on lui dira : « Votre donation, comme toutes les libé-
» ralités postérieures, doit être réduite, parce qu'elle entame
» la réserve aux termes des art. 913-915; si c'était l'époux du
» disposant qui fût à votre place, il conserverait la libéralité
» grâce à une exception faite en sa faveur et que vous ne
» pouvez invoquer. »—Mais, dit-on, si le disposant donne d'abord à son conjoint, il ne lui restera plus rien à donner pour récompenser ses enfants ou les maintenir dans le devoir! C'est vrai : absolument comme si la loi n'avait pas augmenté en faveur de l'époux le disponible ordinaire. Au surplus, si le disposant veut se ménager le plus fort disponible en plaçant ses enfants au premier rang, il n'est pas obligé d'attendre qu'ils soient nés pour donner à son conjoint, et de s'exposer à être surpris par la mort sans lui rien laisser. Il peut, comme on l'a fort bien dit, restreindre provisoirement le montant de la libéralité qu'il veut faire à son conjoint et conserver pour ses enfants une partie de son disponible ordinaire. Il peut aussi, comme l'a remarqué M. Benech, faire d'abord à son conjoint, même par contrat de mariage, un don soumis à la condition qu'il ne disposera pas autrement de l'objet par la suite (art. 1086); et, s'il en dispose plus tard en faveur de ses enfants, il pourra, en enlevant à son époux le premier rang, le gratifier encore du disponible exceptionnel de l'ar-

ticle 1094. — Mais le donateur a un moyen bien plus simple
que tous les autres pour user de tout son disponible et en faire
sûrement la distribution qu'il voudra entre son conjoint et
ses enfants : c'est de faire provisoirement un testament par
lequel il attribue *tout son disponible* à son conjoint. Il conser-
vera ainsi sa pleine et entière liberté de disposition au profit
de ses enfants, et son testament ne s'exécutera à sa mort que
pour ce dont il n'aura pas disposé autrement.

SECTION III.

De la sanction tant de la réserve que de la révocabilité.

Les règles qui déterminent la quotité disponible entre
époux ont pour sanction naturelle la *réduction* des libéralités
excessives ; l'art. 1099 leur en donne une seconde, qui est en
même temps la sanction de la révocabilité des donations
faites pendant le mariage, à savoir la *nullité* des libéralités
déguisées ou faites à personnes interposées. Nous dirons immédiatement ce que nous avons à dire de cette nullité : nous
parlerons ensuite de la réduction.

§ 1. — De la nullité des libéralités déguisées ou faites à personnes interposées.

« Les époux, dit l'art. 1099, ne pourront se donner indi-
» rectement au delà de ce qui leur est permis par les dispo-
» sitions ci-dessus.

» Toute donation, ou déguisée, ou faite à personnes inter-
» posées, sera nulle. »

Tous les auteurs n'admettent pas que les donations dissimulées soient entièrement nulles. Suivant quelques-uns, le
second alinéa de l'art. 1099 ne fait que développer et appliquer le principe posé par le premier, et les donations faites
entre époux au moyen d'une interposition de personnes ou
d'une simulation d'acte onéreux ne sont que des exemples
de donations indirectes simplement réductibles. — Mais si le
législateur n'eût voulu rien établir de particulier pour les
libéralités dissimulées, s'en serait-il expliqué séparément?
Eût-il dit qu'elles sont nulles, positivement *nulles?* N'est-ce
pas toujours par les mots *réduction, réduire, réductible,* qu'il
exprime l'idée qu'on lui suppose ici? Les articles 920-930,
1496, 1527, en font foi! Le mot *nul* n'est point employé,
comme on l'a dit, dans l'art. 911 comme synonyme de réductible : les donations prévues par cet article, faites à des
incapables, à des personnes non conçues, aux tuteurs, aux
médecins, aux ministres du culte, ne sont pas seulement réductibles, mais complétement nulles : ce n'est que par analogie et par extension que l'art. 911, fait pour le cas d'incapacité des personnes et de nullité des donations, s'applique
à un cas d'indisponibilité des biens et de réductibilité des libéralités, au cas de donations excessives faites à des enfants
naturels (art. 908). On conçoit, du reste, fort bien que les
donations dissimulées, faites en fraude de la loi et dans le
but de rendre impossibles la réduction et la révocation, soient
traitées plus sévèrement que les dispositions ostensibles et

simplement indirectes, dont le mode et la forme tiennent
beaucoup plus aux circonstances et à l'occasion qu'à la volonté, à l'intention frauduleuse des parties. Si j'ai payé une
dette de ma femme ; si, me mariant en secondes noces sous
le régime de la communauté, j'ai procuré ainsi à ma femme
un avantage au préjudice d'enfants que j'avais d'un autre
lit ; si j'ai refusé un legs ou une succession pour faire profiter
mon conjoint de ma renonciation, de telles donations, faites
indirectement, doivent être réduites à la quotité disponible :
mais si je feins de vendre à ma femme un immeuble que je
lui donne réellement, ou si je donne une chose à un tiers
qui se charge de la transmettre à ma femme, j'élude à la fois
les règles de la réduction et de la révocabilité, je fais doublement fraude à la loi : mes dispositions, si on vient à les
découvrir, peuvent sans injustice être anéanties.

Les donations dissimulées sont entièrement nulles, alors
même qu'elles ne dépassent pas la quotité disponible. Pour
celles qui ont eu lieu pendant le mariage, la nullité est la
sanction de la révocabilité non moins que de la réserve. Quant
aux autres, elles sont toutes légalement présumées faites en
fraude des règles relatives à la réduction. Si la nullité ne frappait que les libéralités qui excèdent le disponible, il arrive-
rait souvent qu'une donation, frauduleuse au jour du contrat, serait néanmoins respectée, parce qu'au décès du *de
cujus*, par suite de variations de fortune, elle ne dépasserait
plus la quotité disponible.

L'art. 1099 s'applique évidemment aux libéralités faites
par contrat de mariage comme à celles qui se font pendant

le mariage. — Il ne distingue pas non plus entre les donations faites par l'époux sans enfants d'un mariage antérieur et celles qui sont émanées d'une personne remariée avec enfants. Il y a, pour les unes comme pour les autres, mêmes motifs. Le texte même de l'art. 1099 se réfère expressément à l'art. 1094 comme à l'art. 1098 ; il sanctionne non pas la disposition précédente, mais *les dispositions précédentes*.

C'est à ceux qui attaquent la donation dissimulée à prouver soit le déguisement, soit l'interposition de personnes qu'ils allèguent. La loi n'a établi qu'exceptionnellement des présomptions de déguisement ou d'interposition.

Présomption de déguisement de donation. — Le législateur n'a pas appliqué aux époux la disposition de l'art. 918, d'après lequel toute aliénation à fonds perdu entre une personne et l'un de ses successibles en ligne directe, est réputée gratuite ; mais il a interdit entre conjoints, d'une manière générale, toute espèce de vente et de dation en payement, sauf trois cas, où la fraude paraît moins probable : 1° quand l'un des époux cède des biens à l'autre, séparé judiciairement d'avec lui, en payement de ses droits ; 2° quand la cession que le mari fait à sa femme, même non séparée, a une cause légitime, comme le remploi de ses immeubles aliénés, etc., si ces biens ne tombent pas en communauté ; 3° lorsque la femme cède des biens à son mari, en payement d'une dot promise en argent et lorsqu'il n'y a pas communauté ; — *sauf dans ces trois cas*, ajoute l'art. 1098, *les droits des héritiers des parties contractantes, s'il y a avantage indirect*. Si les héritiers prouvaient que la chose donnée en payement était supérieure en valeur à la somme due, il y aurait, non pas avantage indirect, comme le dit improprement la loi, mais bien donation déguisée sous la forme d'un contrat onéreux, et, d'après ce que nous avons vu précédemment, les héritiers pourraient faire déclarer la libéralité entièrement nulle, et non pas seulement réductible.

Présomption d'interposition de personnes. — Aux termes de l'art. 1100, « sont réputées faites à personnes interposées les » donations de l'un des époux aux enfants ou à l'un des en- » fants de l'autre époux, issus d'un autre mariage, et celles » faites par le donateur aux parents dont l'autre époux sera » l'héritier présomptif au jour de la donation, encore que ce » dernier n'ait point survécu à son parent donataire. »

Cette présomption si rigoureuse, qui annule les libéralités adressées aux personnes présumées interposées, ne doit pas être étendue facilement; mais ce n'est pas l'étendre que de comprendre dans ces mots « enfants issus d'un autre ma- riage, » tous les descendants de ce mariage, à quelque degré qu'ils soient, ou même les enfants naturels ou adoptifs. La loi n'a entendu exclure de la présomption que les *enfants communs,* pour lesquels la libéralité s'explique assez par le lien d'attachement qui unit l'enfant à ses père et mère. La loi considère aussi comme faite en réalité à l'époux la donation adressée au parent dont il est l'héritier présomptif au jour du contrat. — Ces présomptions n'admettent, d'après l'art. 1352, aucune preuve contraire, sauf l'aveu ou le serment. L'action des héritiers devrait être repoussée s'ils avouaient que la li- béralité n'était véritablement pas destinée au conjoint, ou s'ils refusaient de jurer qu'ils croient la présomption légale parfaitement fondée et applicable dans l'espèce. Cette interprétation des derniers mots de l'art. 1352 est très-équitable : la loi abandonne la présomption qu'elle n'avait établie que dans l'intérêt privé de la partie, quand celle-ci elle-même en reconnaît la fausseté.

§ 2. — De la réduction.

Avantages sujets à réduction. — Sont imputables sur la quotité disponible et réductibles en cas d'excès toutes les libéralités entre époux, directes ou indirectes (art. 1099), faites par actes entre-vifs ou par testament, pendant le mariage ou avant le mariage, celles mêmes qui ont eu lieu avant le contrat de mariage, pourvu qu'il soit prouvé par les réservataires qu'elles ont été faites à raison de l'union déjà projetée dans le but d'échapper aux restrictions de la loi en ce qui concerne la quotité disponible.

Les conventions matrimoniales, considérées en général comme actes à titre onéreux, comme conventions entre associés (art. 1516 et 1525, al. 2°), sont traitées comme des libéralités lorsqu'il existe des enfants d'un précédent mariage; et les avantages qui en résultent pour le nouvel époux peuvent être, dans l'intérêt de ceux-ci, réduits à la quotité disponible. De telles conventions devaient être l'objet d'abus beaucoup plus fréquents dans le cas de secondes noces que dans le cas de premier mariage. Les enfants communs, d'ailleurs, retrouvent toujours dans la succession de l'époux donaire ce qui n'est plus dans celle de l'époux donateur, tandis que les enfants du premier lit n'ont aucun espoir de recueillir les biens donnés par leur père ou leur mère à son nouveau conjoint sous forme de conventions de mariage.

L'art. 1496 applique ces principes à la communauté légale : « si la confusion du mobilier et des dettes, porte le 2e alinéa, opérait au profit de l'un des époux, un avantage supérieur à celui qui est autorisé par l'art. 1098, les enfants du premier lit de l'autre époux auraient l'action en retranchement. » Le veuf ou la veuve pouvait éviter d'avantager ainsi son nouveau conjoint par l'adoption d'une simple communauté d'*acquêts*, par la *réalisation* d'une partie de son mobilier, par l'*apport* d'une valeur restreinte, par la clause de séparation de dettes.

A l'égard des successions ou donations mobilières échues pendant le mariage à l'époux remarié, Pothier et Lebrun pensaient que le profit qui en résulte pour son nouveau conjoint, n'étant point le fait volontaire de l'époux, doit échapper à la réduction. Cette solution, douteuse dans l'ancien droit, ne saurait être admise aujourd'hui en présence des termes formels de l'art. 1518, qui expliquent qu'il s'agit de toute *convention qui tendrait* DANS SES EFFETS *à donner au delà de la portion réglée par l'art.* 1098.

L'art. 1527 est relatif à la communauté conventionnelle. Toute clause du contrat de mariage, de nature à conférer un avantage au nouvel époux, celle d'ameublissement, ou de préciput, ou même de forfait de communauté, donne lieu au retranchement en faveur des enfants du premier lit ; mais il

8- 228 —

on serait autrement des clauses tendant à établir l'égalité
entre les apports, comme si l'époux remarié, moins riche en
mobilier que son nouveau conjoint, avait ameubli une partie
de ses immeubles. — Les simples bénéfices résultant des
travaux communs et des économies faites sur les revenus respectifs, quoique inégaux, des deux époux, ne sont pas, dit
l'art. 1527, considérés comme un avantage fait au préjudice
des enfants du premier lit. La communauté d'acquêts, qui ne
se compose que des produits du travail commun et des économies des deux époux, ne saurait donner lieu à aucune réduction.

Qui peut exercer l'action en réduction. — La qualité d'héritier est avant tout nécessaire à quiconque veut agir en
réduction contre l'époux donataire. A Rome le droit à la légitime était indépendant de cette qualité, et cela devait être,
puisque le père de famille pouvait enlever à ses enfants et à
ses proches, non-seulement ses biens, mais encore le
titre d'héritiers ; au contraire nos coutumes, n'admettant pas
que l'homme pût donner ou enlever la qualité d'héritiers, ne
connaissant d'autres héritiers que les successeurs appelés
ab intestat par la loi même, purent attacher au titre d'héritier
le droit à la *légitime*; laquelle ne fut plus qu'une *portion réservée* de l'hérédité; *Apud nos,* dit Dumoulin, *non habet legitimam nisi qui heres est.* Placés entre ces deux systèmes con-
tradictoires, les rédacteurs du Code ont adopté celui des
coutumes. Les articles 913-915, 1094-1098, qui établissent la
légitime, ne le font pas en attribuant à certains parents le
droit de réclamer telle portion des biens, mais, ce qui est

bien différent et ce qui indique parfaitement le point de vue auquel s'est placé le législateur, en fixant la quotité dont il est permis au père de famille de disposer, *de manière à* RESERVER *aux légitimaires la partie indisponible du patrimoine ;* et les paroles prononcées par les divers membres du conseil d'Etat, lors de la discussion de l'art. 921, montrent clairement qu'aucun d'eux n'a été d'avis que le successible renonçant pût néanmoins exercer la réduction. — Il n'y a pas lieu, suivant nous, de distinguer à cet égard les enfants du premier lit des autres réservataires. Autrefois, il est vrai, même dans les provinces coutumières, les renonçants étaient admis à réclamer la réserve spéciale de l'édit des secondes noces, qui n'avait fait qu'étendre à toute la France la légitime romaine de la loi *Hâc edictali* en lui conservant les règles qui la régissaient; mais aujourd'hui on ne doit plus rechercher la source primitive des différentes dispositions de loi: toutes procèdent de la même autorité, et la réserve de l'article 1098 ne saurait être d'une autre nature que celle des articles 913-915 et 1094.

A la condition d'être héritier, l'action en réduction appartient à tout réservataire. Si l'époux donateur est mort sans postérité, cette action peut être exercée par ses père et mère en concours avec des frères et sœurs; mais les frères et sœurs ne peuvent profiter de la réduction, et s'il ne se trouve au décès que la quantité de biens nécessaire pour parfaire la réserve des père et mère, ceux-ci prennent le tout, et ne peuvent attaquer les libéralités du défunt (art. 915, *in fine*).

Les ascendants autres que les père et mère sont primés par les frères et sœurs du *de cujus*, et, quoique réservataires, ils ne peuvent rien réclamer qu'à défaut de ces derniers *et dans l'ordre seulement ou ils sont appelés à succéder* (art. 915). Encore n'est-il pas certain que les frères et sœurs puissent, en répudiant la succession, donner ouverture au droit des ascendants. Le frère, disent de nombreux auteurs, mettrait ainsi aux enchères sa qualité d'héritier : il renoncerait si l'ascendant lui offrait plus que l'époux donataire ou légataire universel; il accepterait dans le cas inverse. Nous croyons, pour notre part, qu'il est impossible de contester aux frères et sœurs le droit de renoncer à la succession : nul n'est héritier qui ne veut; et cette renonciation ferait arriver l'ascendant à sa réserve. Seulement l'époux menacé de la réduction devrait être admis à prouver par tous les moyens possibles la fraude concertée entre le frère et l'ascendant, et, s'il y parvenait, il conserverait ses dons ou legs, pourvu qu'ils fussent d'ailleurs, sous tout autre rapport, inattaquables.

Les enfants de l'époux donateur, lorsqu'ils ne sont ni renonçants ni déclarés indignes, peuvent agir en réduction et réclamer leur réserve. Cette réserve est la même pour les enfants légitimés ou adoptifs que pour les enfants légitimes proprement dits : les enfants naturels n'ont droit qu'à une fraction, variable suivant les cas, de ce qu'ils auraient eu s'ils eussent été légitimes.

Les enfants du premier lit, en cas de convol de leur auteur, peuvent seuls agir à l'effet d'obtenir la réserve spéciale établie en leur faveur par l'art. 1098. Lorsque le nouvel époux a reçu plus du quart des biens ou plus que l'enfant le moins prenant, et que la libéralité a été réduite, sans doute tous les enfants du donateur sans exception, ceux du second lit comme ceux du premier, doivent prendre une part égale au partage des biens retranchés. L'égalité entre les enfants est la règle du partage (art. 745). Mais de ce que tous les enfants, de quelque lit qu'ils soient, doivent avoir des parts égales sur tous les biens de la succession, il ne s'ensuit pas que l'action en réduction appartienne à ceux pour lesquels n'a point été établie, mais contre lesquels a plutôt été dirigée la réserve exceptionnelle. Ne trouveront-ils pas dans la succession de leur auteur donataire les biens qu'ils veulent faire rentrer dans celle du disposant? Qu'on ne dise pas que nous laissons à la discrétion des enfants du premier lit le droit des enfants du second mariage : leur droit est, non pas d'attaquer les donations faites à leur père ou à leur mère; c'est seulement, si ces donations ont été réduites, de partager l'émolument de la réduction exercée. Quant au danger de la fraude, par laquelle les enfants du premier lit pourraient s'abstenir d'exercer la réduction et partager avec le nouvel époux la portion des biens retranchés qui eût dû revenir aux enfants du second mariage, ce danger est peu à craindre si l'on songe qu'il suppose un accord entre les enfants du premier lit et leur parâtre ou leur marâtre, et un concert destiné à frustrer les enfants préférés du second lit de leurs droits légitimes. Fût-elle fondée, cette crainte ne devrait pas faire fléchir les principes du droit : la fraude établie en fait pourrait seule autoriser à agir les enfants de la dernière union :

fraus omnia corrumpit. Ce système paraît corroboré par les termes de l'art. 1496, qui, dans le cas d'avantages excessifs faits au nouvel époux, déclare que « *les enfants du premier » lit* auront l'action en retranchement. »

La réduction peut être exercée par les héritiers et ayants cause des réservataires. Les créanciers du *de cujus* deviennent créanciers personnels de l'héritier à réserve par suite de son acceptation pure et simple, et acquièrent, à ce titre, l'exercice de tous ses droits et de toutes ses actions (art. 1166). Mais si, par une acceptation bénéficiaire, l'héritier a empêché la confusion de son patrimoine avec celui du défunt, les créanciers de celui-ci restent étrangers à celui-là, et même, après que le légitimaire, en agissant personnellement, a fait rentrer les biens dans la succession, comme ils n'y rentrent (par la réduction comme par le rapport) que relativement aux héritiers et non d'une manière absolue, les créanciers héréditaires, à l'égard desquels ils étaient pour toujours sortis du patrimoine, ne peuvent profiter de cette réduction (article 921).

Dans quel ordre doit avoir lieu la réduction. — Les libéralités entre époux doivent être réduites dans le même ordre que les donations entre étrangers, d'après les règles des articles 920 à 930 : on commence par les plus récentes, par les dispositions testamentaires, qui, à quelque époque qu'elles aient été écrites, n'ont toutes qu'une même date, celle de la mort du testateur, et l'on continue par les dispositions entre-vifs, en remontant des dernières aux plus anciennes.

En cas de concours de libéralités faites par le donateur à

15

son conjoint et à des étrangers, on ne doit tenir compte, bien entendu, des donations faites entre époux pendant le mariage, qu'autant qu'elles n'ont pas été postérieurement révoquées par des dispositions incompatibles avec elles; et il n'y a pas lieu de distinguer à cet égard, du moins en thèse, entre les donations de biens présents et celles de biens à venir : toute donation entre gens mariés, quoique révocable, est une donation entre-vifs, dont la perfection date du jour du contrat, et, si elle peut être révoquée, elle ne l'est pas nécessairement par toute libéralité postérieure, elle ne l'est que par *l'intention* manifeste du donateur : *sæpe de facultatibus suis plus quàm in his est sperant homines.*

Après avoir écarté les libéralités révoquées, en présence de donations toutes également valables, on examine si celles qui ont été faites, soit à l'étranger, soit à l'époux, n'excèdent point la quotité disponible en faveur de chacun d'eux, pour les réduire d'abord à cette quotité. On conçoit, en effet, que si une première libéralité excédait le disponible ordinaire, et que la seconde, inférieure au disponible exceptionnel, n'entamât la réserve qu'à cause de l'excès de la première, celle-ci devrait nécessairement subir un retranchement, qui affranchirait la seconde de la réduction.

Si, réduites chacune à la quotité légale, ces libéralités ne sont excessives que par leur réunion, de deux choses l'une : ou elles n'ont pas la même date, et alors la réduction se fait par application de l'art. 923, d'après les règles ordinaires, en commençant par les legs, et en continuant par les donations successivement depuis la dernière jusqu'à la première;

ou bien elles ont la même date, et la réduction se fait proportionnellement et au marc le franc, d'après la quotité disponible la plus élevée.

Ce dernier point, toutefois, n'est pas universellement admis. Toullier l'avait posé comme tout simple et allant de
soi. Mais Delvincourt jugea que réduire toutes les libéralités,
faites tant aux étrangers qu'à l'époux, d'après la même mesure, c'était faire profiter les deux donataires d'un disponible qui n'était pas établi pour chacun; et il proposa de
réduire aussi proportionnellement, mais d'après le disponible *commun* aux deux libéralités, c'est-à-dire d'après le
plus faible, et d'attribuer l'excédant d'un disponible sur
l'autre à celui des donataires pour lequel est établie la plus
forte quotité. M. Marcadé ne trouva pas ce système encore
parfait : il attribuait trop, suivant lui, au donataire du plus
fort disponible, comme celui de Toullier lui enlevait trop :
Delvincourt accordait à ce donataire l'excédant d'un disponible sur l'autre, après l'avoir fait concourir déjà sur le disponible commun *pour tout le montant* de sa donation avec le
donataire de la plus faible quotité : c'était l'avantager deux
fois. M. Marcadé admit la réduction proportionnelle d'après
le plus faible disponible, mais avec une modification : Puisque, dit-il, pour un instant on suppose que le disponible
le plus faible est le disponible commun, il faut donc, pour
ne pas trop donner au donataire le plus favorable, faire subir momentanément au chiffre de son legs une diminution
proportionnelle à celle qu'on fait subir à son disponible ;
après cela, on lui donnera exclusivement ce qui reste encore

disponible pour lui seul. M. Boutry, dans un remarquable travail sur les donations entre époux, a mis la dernière main à ce système, en simplifiant les calculs qu'il exige.

Ce n'est pas sans peine, avouons-le, que nous sommes parvenu à comprendre ce laborieux système ; aussi n'est-ce pas sans quelque plaisir que nous avons aperçu le vice de cette théorie, qui pèche par sa base : nous essaierons de le démontrer.

« Quand le disponible est différent pour chacun des deux » légataires, dit M. Marcadé, on ne peut pas procéder comme » s'il était le même pour tous deux. Quand, à côté d'un » étranger qui peut recevoir moitié, se trouve un époux qui » ne peut recevoir qu'un quart, il n'est pas conforme à la » loi de faire la réduction comme si cet époux pouvait re- » cevoir la moitié lui-même. De même il est contraire à la » loi que l'étranger qui ne peut recevoir qu'un quart, ne soit » réduit que d'après le disponible du quart et demi. »

Supposons l'espèce suivante : Un homme, ayant un enfant d'un premier lit, lègue à sa seconde femme un quart et à un étranger une moitié. Soit une fortune de 48,000 fr. ; le pre- mier legs est de 12,000 fr. et le second de 24,000 : nous pen- sons que, la masse des legs étant de 36,000 fr. et la quotité disponible la plus forte de 24,000, chaque legs doit être ré- duit d'un tiers et la femme avoir 8,000 fr., l'étranger 16,000. Nous ne faisons qu'appliquer l'art. 926, d'après lequel la ré- duction des libéralités testamentaires doit avoir lieu au marc le franc ; et il n'est pas vrai que nous procédions comme si le disponible était le même pour les deux donataires et comme si le conjoint pouvait recevoir moitié lui-même. Si, dans notre hypothèse, où il s'agit d'un disposant qui a un enfant du premier lit et une fortune de 48,000 fr., nous refusions de réduire une libéralité de 15,000 fr., par exemple, faite au second époux par la raison que le tiers n'aurait reçu que 9,000 fr., le reste du disponible, c'est alors qu'on pourrait nous reprocher de réduire les libéralités faites à l'époux d'après le disponible de moitié quand il n'a droit qu'à un quart (ici 12,000 f.), et de lui donner plus qu'il ne peut recevoir. Mais nous avons dit précédemment que les libéralités faites tant à l'époux qu'à l'étranger doivent être préalablement réduites à la quotité disponible envers chacun d'eux; et nous supposons ici que les disponibles spéciaux ne sont point dépassés.—Qu'y a-t-il donc? Des libéralités qui, considérées séparément, sont irréprochables, et qui ne se trouvent excessives que par leur réunion; qu'il faut réduire, non pas à la quotité que chaque gratifié peut recevoir puisqu'elle n'est point excédée, mais à la quotité dont le testateur a pu disposer et qu'il a dépassée. D'après quelles bases faut-il opérer la réduction? Évidemment au marc le franc, en conservant aux libéralités leur valeur relative, puisqu'il n'y a entre elles aucune cause de préférence et qu'il faut se conformer autant que possible à la volonté du disposant. La loi, il faut bien le remarquer, veut qu'on suive, en effectuant la réduction, l'intention présumée du père de famille. Les règles qu'elle trace à cet égard ont toutes pour but de faire respecter cette volonté. Les dispositions testamentaires ne doivent être réduites proportionnellement que si le testateur n'a pas déclaré qu'il entend que tel

legs sera acquitté de préférence aux autres (art. 927). Le
père de famille est maître absolu de sa quotité disponible :
il peut la donner à qui il veut. La loi a déterminé la quotité
qu'il pourrait donner à son époux ; elle s'est arrêtée là : libre
au père de famille de donner, dans ces limites, à chacun ce
qu'il voudra. Il n'est tenu de faire aucune libéralité, et s'il en
fait, il n'est pas obligé d'observer, dans les donations qu'il
adresse à sa femme et à des étrangers, la proportion établie
par la loi entre les quotités disponibles envers chaque espèce
de donataires. — Voyons ! si, au lieu de donner à sa seconde
femme 12,000 fr. et à l'étranger 24,000, en tout 36,000, le
père de famille, sans s'abuser sur le chiffre de son disponible
qui n'était que de 24,000 fr., eût donné à l'une 8,000 fr.
seulement et à l'autre 16,000, est-ce qu'on pourrait toucher
à ses dispositions ! Non sans aucun doute. Eh ! bien, aux yeux
de la loi, le testateur n'a pas fait autre chose. Si les chiffres de
ses legs ne sont pas les mêmes, c'est la même pensée qui les
a dictés ! Si la valeur absolue de chacun doit être modifiée,
leur valeur relative doit être respectée. Il faut réduire ces
dispositions, qui n'auraient pas dû excéder la moitié des biens
et qui en absorbent les trois quarts : mais il faut les réduire
conformément à la volonté du donataire, énergiquement exprimée par le rapport qu'il a lui-même établi entre ses libéralités.

POSITIONS.

Droit romain.

I. La prohibition des donations *inter virum et uxorem* se place à une époque postérieure à la loi Cincia (an 550 de Rome).

II. Le mariage à Rome était parfait *solo consensu*, sans tradition.

III. L'usucapion s'accomplissait entre mari et femme, quand l'époux propriétaire découvrait seul son droit et n'agissait point en revendication ; mais il avait, par suite de cette donation indirecte, une *condictio* pour réclamer la chose usucapée. — L'usucapion n'était pas possible, lorsque les deux époux venaient à être informés du droit de propriété de l'un d'eux sur la chose possédée par l'autre.

IV. Il y a antinomie entre la loi 3, § 12, D., *de don. int. vir.*, et la loi 38, § 1er *in fine*, D., *de solut.* Celse et Ulpien, moins attachés qu'Africain à la stricte rigueur du droit, adoptent un système plus équitable.

V. La donation des fruits ou fermages était nulle entre époux comme celle du fonds lui-même.

VI. La différence qui existe entre la décision de la loi 5, § 4, D., *de don. int. vir.*, et celle des lois 5, § 5, *de doli except.* et 21, § 1, *de don.*, tient à ce que, dans l'une, la restriction opère *ipso jure*, et, dans les autres, *exceptionis ope*.

VII. Il n'y eut qu'un seul sénatus-consulte sur les donations entre époux : il fut rendu sous Septime Sévère et Antonin Caracalla (an 206 de l'ère chrétienne).

VIII. Le sénatus-consulte s'applique à toutes les espèces de donations entre époux, aux simples promesses comme aux donations accompagnées de la tradition.

Droit civil français.

I. L'époux contre lequel la séparation de corps a été prononcée perd tous les avantages que l'autre époux lui avait faits, soit par leur contrat de mariage, soit depuis le mariage contracté.

II. Les donations entre futurs époux ou entre gens mariés sont révocables pour ingratitude.

III. La femme mariée sous le régime dotal ne peut disposer que par testament de ses immeubles dotaux au profit de son mari pendant le mariage.

IV. La donation de biens présents faite entre époux pendant le mariage n'est pas caduque par le prédécès du donataire.

V. La donation, même de biens à venir, faite entre époux pendant le mariage, n'est réductible qu'après les donations postérieures en date.

VI. La quotité disponible entre époux, en cas d'enfants communs, est invariable, quel que soit le nombre de ces enfants.

VII. Le disponible exceptionnel ne peut être cumulé avec le disponible ordinaire.

VIII. L'époux qui a donné à son conjoint la quotité disponible ordinaire, ne peut, par un acte postérieur en date, faire aucune disposition au profit d'un étranger.

IX. Les libéralités déguisées ou faites par personnes interposées sont véritablement nulles entre époux, et non simplement réductibles à la quotité disponible.

X. Dans le cas prévu par l'art. 1098, les biens retranchés des libéralités excessives entre époux se partagent également entre tous les enfants : mais l'action en réduction ne peut être exercée que par ceux du premier lit.

XI. Les donations faites par une personne tant à son conjoint qu'à un tiers, et qui, par leur réunion, entament la réserve que chacune d'elles respecte séparément, doivent, lorsqu'elles ont la même date, être réduites proportionnellement à la plus forte quotité disponible.

XII. Il suffit, pour la validité des donations déguisées, qu'elles soient faites dans les formes requises pour les contrats sous l'apparence desquels elles ont été déguisées.

Droit criminel.

I. Les complices supportent l'augmentation de peine qui frappe l'auteur principal, par suite de circonstances aggravantes reconnues contre lui.

II. Sur l'appel du ministère public, *à minimâ* comme *ad mitiorem*, le juge supérieur peut diminuer la peine ou même acquitter le prévenu, bien que celui-ci n'ait pas, de son côté, interjeté appel.

Histoire du Droit.

I. Ce n'est pas dans les institutions galliques, mais plutôt dans le droit germanique, que se place l'origine du régime matrimonial de la communauté.

II. Le douaire est né de la transformation de la dot germanique et du morgengabe.

Droit International.

I. L'article 11 du code Napoléon n'autorise pas le Français, créancier d'un gouvernement étranger, à faire saisir en France les valeurs mobilières appartenant à son débiteur ou les créances qu'il aurait à réclamer contre des tiers.

II. L'étranger, même non autorisé à établir son domicile en France, peut réclamer des dommages et intérêts pour usurpation de sa marque de fabrique.

Vu par le Président de la thèse,
BUGNET.

Vu par le doyen de la Faculté,
C. A. PELLAT.

PERMIS D'IMPRIMER,
Le Vice-Recteur
CAYX

TABLE DES MATIÈRES.

PREMIÈRE PARTIE.

Droit romain.

SECONDE PARTIE.

Ancien droit français.

TROISIÈME PARTIE.

I. — Droit intermédiaire.

II. — Droit français actuel.

FIN DE LA TABLE.

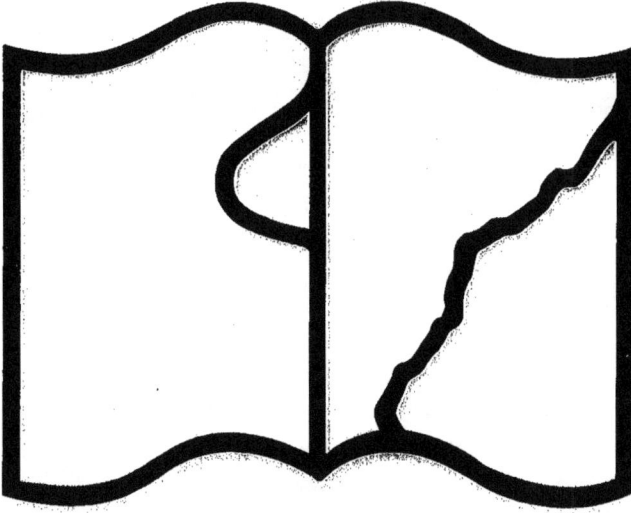

Texte détérioré — reliure défectueuse

NF Z 43-120-11

www.ingramcontent.com/pod-product-compliance
Lightning Source LLC
Chambersburg PA
CBHW071638200326
41519CB00012BA/2339